FILOSOFIA CÓSMICA DO EVANGELHO

OS OBJETIVOS, A FILOSOFIA E A MISSÃO DA EDITORA MARTIN CLARET

O principal Objetivo da MARTIN CLARET é continuar a desenvolver uma grande e poderosa empresa editorial brasileira, para melhor servir a seus leitores.

A Filosofia de trabalho da MARTIN CLARET consiste em criar, inovar, produzir e distribuir, sinergicamente, livros da melhor qualidade editorial e gráfica, para o maior número de leitores e por um preço economicamente acessível.

A Missão da MARTIN CLARET é conscientizar e motivar as pessoas a desenvolver e utilizar o seu pleno potencial espiritual, mental, emocional e social.

A MARTIN CLARET está empenhada em contribuir para a difusão da educação e da cultura, por meio da democratização do livro, usando todos os canais ortodoxos e heterodoxos de comercialização.

A MARTIN CLARET, em sua missão empresarial, acredita na verdadeira função do livro: o livro muda as pessoas.

A MARTIN CLARET, em sua vocação educacional, deseja, por meio do livro, claretizar, otimizar e iluminar a vida das pessoas.

Revolucione-se: leia mais para ser mais!

MARTIN CLARET

HUBERTO ROHDEN

FILOSOFIA CÓSMICA DO EVANGELHO

PRIMEIRO VOLUME DA COLEÇÃO
"FILOSOFIA DO EVANGELHO"

MARTIN CLARET

Direção
MARTIN CLARET

Produção editorial
CAROLINA MARANI LIMA / MAYARA ZUCHELI

Direção de arte e capa
JOSÉ DUARTE T. DE CASTRO

Diagramação
GIOVANA GATTI QUADROTTI

Ilustração de capa
HAKKI ARSLAN / SHUTTERSTOCK

Revisão
WALDIR MORAIS

Impressão e acabamento
CROMOSETE GRÁFICA

A ORTOGRAFIA DESTE LIVRO SEGUE O NOVO
ACORDO ORTOGRÁFICO DA LÍNGUA PORTUGUESA.

Dados Internacionais de Catalogação na Publicação (CIP)
(Câmara Brasileira do Livro, SP, Brasil)

Rohden, Huberto, 1893-1981.
Filosofia cósmica do Evangelho / Huberto Rohden. —
São Paulo: Martin Claret, 2017. — (Filosofia do Evangelho; v. 1)

ISBN 978-85-440-0174-5

1. Bíblia. N.T. Evangelhos – Comentários I. Título. II. Série

16-05640 CDD-204

Índices para catálogo sistemático:

1. Comentários: Novo testamento: Bíblia 225.7
2. Novo testamento: Bíblia: Comentários 225.7

EDITORA MARTIN CLARET LTDA.
Rua Alegrete, 62 – Bairro Sumaré – CEP: 01254-010 – São Paulo – SP
Tel.: (11) 3672-8144

www.martinclaret.com.br

1ª reimpressão – 2022

SUMÁRIO

INTRODUÇÃO

ROHDEN: UM HOMEM UNIVÉRSICO[1]

MARTIN CLARET*

Na condição de editor e legatário universal dos direitos autorais dos 65 livros de autoria do filósofo e escritor Huberto Rohden (1893 – 1981), "convidei-me" para escrever uma curta introdução, informando a seus leitores como foi possível ter ele produzido quantidade tão expressiva de obras sobre filosofia, educação, religião, ciência natural e biografias, inclusive traduções, em ambiente tão desfavorável.

Em 1930, aproximadamente, Rohden fundou e dirigiu a editora Cruzada da Boa Imprensa, especializada em literatura católica. Uma pequena ala da Igreja não aceitou muito bem a ideia de Rohden

[1]Univérsico: neologismo criado por Huberto Rohden, que está relacionado ao seu conceito de Filosofia Univérsica. Para Rohden, o Cosmo é a base e diretriz do pensamento e vida humana – o Universo é "uno" e imutável e se manifesta sem cessar no "verso" de existências sempre novas. O pensamento do homem univérsico é pautado pela unidade na diversidade. O resumo dos conceitos da Filosofia Univérsica pode ser encontrado no livro *Catecismo da filosofia e outros opúsculos*, publicado por esta editora. (N.E.)

* Martin Claret, 89 anos, gaúcho de Ijuí, RS. É fundador e diretor da Editora Martin Claret (São Paulo, SP). É empresário e editor de livros, além de desenvolver intensa atividade nas áreas cultural e ecológica. Reside em São Paulo, SP.

ser seu próprio editor. Diante dos obstáculos, acabou encerrando as atividades de sua pequena editora.

Durante os anos em que residiu no Rio de Janeiro, Rohden foi amigo e protegido (literariamente) do Cardeal da Santa Igreja Católica e legado papal para a consagração do monumento do Cristo Redentor – Cardeal Sebastião Leme de Oliveira Cintra.[2]

Hoje sabemos que Rohden, no início de sua carreira literária, tinha certa dificuldade em obter licença para afixar os obrigatórios Nihil obstat[3] *e* Imprimatur[4] *em seus livros. Em várias oportunidades confessou: "A Igreja Católica foi a melhor e a pior coisa que me aconteceu". Realmente, se não fosse a Igreja, Rohden ainda seria um obscuro trabalhador da roça, no interior do estado de Santa Catarina, falando em alemão.*

Uma curiosidade, digna de menção: o professor Rohden frequentava assiduamente nossa editora para tratar de seus livros – sua grande paixão. Certo dia, ele entrou em nossa sala, segurando o livro Deus, *que ele havia escrito havia muito tempo, e agora estava atualizando-o para nova edição. Com os olhos brilhantes, o rosto iluminado, quase em êxtase, colocou o livro sobre a nossa mesa e disse: "Não fui eu quem o escreveu. Está além de minha capacidade. Está além de mim". Sentia-se arrebatado pela força metafísica de sua própria obra, lida agora como se fosse um leitor comum.*

---

[2] Sebastião Leme de Oliveira Cintra (1882 – 1942), Cardeal da Santa Igreja Romana, Arcebispo de São Sebastião do Rio de Janeiro, Legado papal para a consagração do monumento do Cristo Redentor, no Rio de Janeiro.

[3] Permissão para publicar um livro, outorgada por censor oficial da Igreja Católica, que o examinou previamente e certificou-se de que não continha nada contrário à fé ou à moral.

[4] Declaração oficial da Igreja Católica, que diz que um trabalho literário ou similar não vai contra as ideias da Igreja, e que é uma boa leitura para qualquer católico. Em latim, *imprimatur* significa "deixem-no ser impresso".

Tive o privilégio de conviver com o professor Rohden por duas décadas. Fui de seu leitor e aluno a amigo e editor. Ele era formado em Ciências, Filosofia e Teologia em universidades europeias. Não era filiado a nenhuma Igreja, seita ou partido político.

De 1945 a 1946 foi bolsista para pesquisas científicas na Universidade de Princeton, New Jersey (EUA), onde conviveu com Albert Einstein, e lançou os fundamentos da Filosofia Univérsica, tomando por base do pensamento e da vida humana a constituição do próprio Universo, evidenciando a afinidade entre Matemática, Metafísica e Mística.

Em 1946, Rohden foi convidado pela American University, de Washington D.C. a reger as cátedras de Filosofia Universal e de Religiões Comparadas, cargo este que exerceu durante cinco anos.

O professor Huberto Rohden é considerado por muitos um gênio literário. Embora não fosse um imortal de nossa importante Academia Brasileira de Letras, é um autor muito lido e muito amado pelos brasieliros.

Muitos – leigos e acadêmicos – consideram sua extensa obra literária como livros "urgentíssimos" para nosso tempo.

Com o nome "Rohden para todos", estamos montando um superprojeto para republicar toda a sua produção literária. As obras terão características de coleção, e este texto introdutório será reproduzido em todos os volumes para total informação do leitor.

Quero fechar esta Introdução rodenianamente, ou seja, usando as palavras básicas de sua mensagem educacional e espiritual: Autoconhecimento e Autorrealização.

HUBERTO ROHDEN

1893 (São Ludgero, SC) – 1981 (São Paulo, SP)

"Eu vim para servir à Humanidade."*

* Últimas palavras de Huberto Rohden, em estado consciente.

ADVERTÊNCIA DO AUTOR

A substituição da tradicional palavra latina crear *pelo neologismo moderno* criar *é aceitável em nível de cultura primária, porque favorece a alfabetização e dispensa esforço mental; mas não é aceitável em nível de cultura superior, porque deturpa o pensamento.*

Crear *é a manifestação da Essência em forma de existência —* criar *é a transição de uma existência para outra existência.*

O Poder Infinito é o creador *do Universo — um fazendeiro é um* criador *de gado.*

Entre os homens, há gênios creadores, *embora talvez não sejam* criadores.

A conhecida lei de Lavoisier diz que "na natureza nada se crea, *nada se aniquila, tudo se transforma"; se grafarmos "nada se* crea*", essa lei está certa, mas se escrevermos "nada se* cria*", ela resulta totalmente falsa.*

Por isso, preferimos a verdade e a clareza do pensamento a quaisquer convenções acadêmicas.

FILOSOFIA CÓSMICA DO EVANGELHO

EXPLICAÇÕES PRÉVIAS

O simples tentame de querer fazer filosofia sobre o Evangelho de Jesus Cristo parecerá a muitos uma profanação, quase um sacrilégio.

A razão disto é óbvia: o Evangelho é o reflexo da maior experiência que um homem já teve de Deus — ao passo que qualquer espécie de filosofia comum é um processo intelectual, indireto e, como tal, infinitamente inferior àquele contato intuitivo, direto com a suprema Realidade do Universo.

A experiência do Evangelho é vivida e saboreada — a filosofia é apenas inteligida, pensada.

O Evangelho representa a mais estupenda verticalidade mística, uma linha de luz e força que vem de ignotas alturas e vai a incógnitas profundezas — enquanto a filosofia, por mais vasta que seja, não deixa nunca de ser horizontal, e a soma total de todas as horizontalidades intelectualistas não chega sequer a roçar de leve a verticalidade racional ou espiritual.

É, pois, matemática e logicamente, absurdo querer compreender o Evangelho espiritual mediante um processo intelectual, porquanto, em hipótese alguma, pode o menor compreender (abranger, abraçar) o maior: nunca pode uma causa pequena produzir um efeito grande; nunca pode um compreendedor inferior abarcar um compreendido superior.

Por que, pois, escrever um livro — e lecionar curso — sobre a filosofia cósmica do Evangelho, se este próprio título é flagrantemente paradoxal?

A esta sensata objeção passaremos a dar duas respostas, não menos sensatas:

1) Não entendemos aqui, por "filosofia", um processo meramente intelectual, analítico, horizontal; mas sim uma atitude essencialmente racional-espiritual; não uma inteligência periférica de aparências, mas uma vivência central da própria essência. A parte intelectiva que, inevitavelmente, acompanha essa atitude intuitiva não é senão o corpo, o invólucro, um simples veículo da alma, medula e conteúdo da Filosofia do Evangelho; é como que a sombra que, fatalmente, acompanha a luz.

2) Não é pretensão nossa vazar a alma do Evangelho em capítulos e parágrafos filosóficos; o que o leitor encontra nas páginas deste livro não é o principal do assunto; não passa duma ligeira indigitação, como certas flechas ou outros marcos à beira da estrada e nas encruzilhadas dos caminhos. O viandante que estacionasse diante de uma dessas setas orientadoras e não prosseguisse na direção indicada não atingiria jamais o destino da sua jornada, nem faria jus ao sentido da seta.

Ora, o que passaremos a dizer nestas páginas é apenas indigitação do caminho certo a seguir, mas não é o próprio andar ou seguimento do caminho. Esse andar ou seguir é tarefa eminentemente individual de cada leitor.

A alma do Evangelho é uma experiência individual com Deus (que costumamos chamar "verticalidade"), e que, se for genuína, terá necessariamente os seus reflexos sobre a vida ética e social do homem (apelidada frequentemente "horizontalidade"). Entretanto, convém não esquecer, nenhuma experiência individual do mundo divino é transmissível de pessoa a pessoa. O que o iniciado pode e deve fazer é indicar ao profano e ao iniciável o caminho certo a seguir; mas não pense jamais que possa transferir a seus discípulos a sua própria experiência por mais genuína, intensa e nítida que esta seja. O próprio Cristo, em três longos anos de convivência com seus discípulos, não conseguiu imbuí-los da experiência que ele mesmo tinha do Pai celeste e do reino de Deus. Esta experiência só lhes veio "verticalmente", pelo "poder do Alto", na manhã do Pentecostes.

Para que alguém tenha essa experiência de Deus, tem de crear em si mesmo um ambiente propício, tem de realizar no seu interior uma espécie de atmosfera ou clima em que a delicada plantinha desse encontro com o Infinito possa brotar e medrar.

Esse ambiente favorável consiste essencialmente em dois fatores básicos: fé e vida.

Fé — Deve o homem, antes de tudo, sintonizar com a realidade de um mundo invisível, embora ainda não tenha dele experiência direta. Essa fé é uma espécie de permanente atitude de humildade, sinceridade, receptividade, um senso de vacuidade ou nulidade do próprio ego físico-mental, unido à ansiosa expectativa e certeza de uma plenitude que lhe possa e deva advir de fora. Esse "de fora" é uma locução provisória, porque, de fato, a plenitude divina não vem de fora do homem: vem do mais profundo abismo dentro dele, vem do íntimo centro do próprio homem, não desse homem periférico, físico-mental, que ele conhece habitualmente, mas vem das incógnitas profundezas do seu Eu espiritual, divino, que lhe é tão desconhecido e tão "longínquo" como a presença da energia nuclear dentro dum átomo não desintegrado. Para o principiante não há mal em que ele pense que a revelação de Deus e o reino de Deus lhe venham de fora, das alturas do céu, embora esse "céu" esteja dentro dele e essas "alturas" sejam as mais profundas profundezas do seu próprio ser. Mais dia menos dia, na sua jornada ascensional, esse homem saberá — não já com surpresa, mas com espontânea naturalidade — que esse "fora" é o seu "grande Além-de-dentro", a quintessência da sua própria alma, o seu Cristo interno, o "reino de Deus dentro dele", reino esse que ele tem de realizar conscientemente em sua vida, clamando sem cessar "venha o teu reino". Como poderia vir o que não estivesse nele?...

Vida — Fé vivida! A fé nunca passará a ser experiência direta de Deus se ficar no terreno meramente intelectual ou teórico; é indispensável que ela se encarne na vida total do homem, ou, no dizer de Santo Agostinho, que se torne "fides quae per charitatem operatur" (fé que atue pelo amor). Quando o homem sintoniza toda a sua vida individual e social pelo conteúdo da sua fé, quando vive o que crê, como se já possuísse experiência direta de Deus, então essa fé concretizada em amor universal desabrochará em experiência imediata do mundo divino, porque encontrou ambiente e clima propício ao seu desenvolvimento.

O crente torna-se, então, um ciente, um sapiente, um vidente.

Já não crê simplesmente — sabe!

Enquanto o homem não tem essa experiência direta da Realidade divina, a sua moral é difícil e sacrificial, é um permanente "carregar a cruz". Sintonizar a sua vida moral com uma norma apenas crida, mas não vivida como real — isto é imensamente difícil e doloroso, pelo menos em muitos casos, como no preceito de amar os inimigos e fazer bem aos que nos fazem mal.

É fora de dúvida que essa moral pré-mística, anterior à experiência direta de Deus, é um teste e uma prova de fogo por que o homem tem de passar, é o vasto e doloroso deserto que medeia entre o Egito da velha escravidão e o Canaã da futura liberdade; esse Canaã é para o simples crente um país longínquo, no tempo e no espaço, ao passo que o horroroso deserto da sua renúncia diária é um fato cruciantemente propínquo.

Entretanto, segundo as eternas leis cósmicas do espírito, tempo virá em que essa moral pré-mística, difícil, se converterá numa ética pós-mística, fácil. Chegará para o crente sincero o dia em que a amarga medicina do duro dever moral passará a ser um lauto festim de suave querer espiritual, dia em que ele saberá por experiência que o "jugo é suave e seu peso é leve", e em que poderá dizer com o Mestre: "0 meu manjar é cumprir a vontade de meu Pai".

Quando o homem tiver atingido, através de sucessivos estágios evolutivos, as sublimes alturas dessa "gloriosa liberdade dos filhos de Deus", em que o ser-bom é o mesmo que ser-feliz, e o ser-feliz interior transborda irresistivelmente num ser-bom exterior — então saberá ele o que quer dizer "Filosofia Cósmica do Evangelho".

Mas, que é que entendemos por "cósmico"?

Cósmico é sinônimo de "univérsico".

Univérsico, em que sentido?

Ninguém cairá na tentação de considerar o Evangelho como um documento pró materialismo. É, todavia, opinião assaz generalizada no mundo cristão que o Evangelho seja a Carta Magna do maior espiritualismo que já apareceu à face do nosso planeta. Por espiritualismo entendem esses teólogos uma doutrina essencialmente além-nista e visceralmente anti--aquém-nista; o profeta de Nazaré teria ensinado aos homens a desertarem do mundo a fim de possuírem o reino dos céus, entendendo pela expressão "reino dos céus" alguma região distante após-morte. Houve na Igreja cristã um período clássico de ascetismo absoluto e radical, quando ser-cristão era idêntico a ser desertor do mundo, habitante de cavernas desnudas e inimigo mortal de todas as grandezas da civilização, cultura, ciência, arte e técnica que a inteligência humana havia engendrado. Aliás, através de todos os séculos até ao presente dia, continua a persistir essa ideologia negativista, correndo paralela a uma outra concepção mais positiva do Cristianismo. Ainda nos últimos tempos, uma das mentalidades cristãs mais sinceras, Leon Tolstoi, caiu vítima desse pessimismo.

Os que advogam essa doutrina espiritualista-ascética-negativa são, em geral, caracteres puros e bem intencionados, cuidando manter o Cristianismo em toda a sua original genuinidade, livre de deturpações e incrustações mundanas. Na verdade, porém, prestam apenas meio serviço ao Evangelho, tornando-o inaceitável para a grande parte da humanidade e reduzindo o Cristianismo Cósmico a uma seita de piedosos ascetas e místicos, ou a uma confraria de almas enamoradas do Deus do mundo e inimigas do mundo de Deus.

O Cristianismo é tão pouco ascético-espiritualista como epicúreo-materialista. O Cristianismo é essencialmente "cósmico", isto é, universalista, afirmando todas as obras de Deus, tanto invisíveis e imateriais como visíveis e materiais. Aliás, a própria vida do Cristo é genuinamente cósmica, o que lhe mereceu, da parte dos espiritualistas ascéticos da época, a alcunha de "comilão e bebedor de vinho, amigo de publicanos e pecadores"; o seu primeiro milagre foi realizado por ocasião de uma festa de casamento e consistiu na conversão de água em vinho ótimo. Esse aparente epicurismo do Nazareno, porém, era compatível com a sua profunda espiritualidade mística, ou melhor, esse aquém-nismo humano não era senão uma das manifestações do seu além-nismo divino.

A magnífica frase de Albert Schweitzer "O Cristianismo é uma afirmação do mundo que passou pela negação do mundo" resume lapidarmente o que entendemos por Cristianismo cósmico.

Quem afirma o mundo sem o ter negado é materialista e idólatra.

Quem nega o mundo sem ter a coragem de o afirmar é asceta espiritualista.

Quem afirma o mundo depois de o ter negado e continuando a negá-lo, internamente, pelo desapego, esse é cristão genuíno e integral, homem cósmico.

O Verbo se fez carne para que a carne pudesse fazer-se Verbo...

O espírito se materializou para que a matéria pudesse espiritualizar-se...

O Cristianismo, e a vida de todo cristão, é uma permanente encarnação do Verbo e uma constante verbificação da carne, uma contínua descensão do espírito de Deus ao mundo e uma incessante ascensão do mundo a Deus.

O Cristianismo, e a vida cristã, é Natal e Páscoa, encarnação e ressurreição, descida do espírito divino para dentro do homem, e subida do homem para o espírito de Deus. A manjedoura de Belém e o túmulo vazio do Gólgota, a noite do nascimento de Jesus e a noite do ressurgimento do Cristo — eis a mais breve síntese do homem cósmico!

No meio entre esses dois extremos, porém, está a cruz, não apenas como símbolo de sofrimento, mas também, e sobretudo, como emblema da vida universal, abrangendo com suas quatro pontas o norte e o sul, o leste e o oeste, a totalidade das coisas que há em todas as alturas e profundezas, em todas as latitudes dos horizontes. A cruz é o símbolo cósmico por excelência.

Quem adora o mundo é idólatra.

Quem odeia o mundo é desertor.

Quem ama a Deus no mundo e o mundo em Deus é homem cósmico, crístico.

* * *

Sendo, todavia, que o Cristo veio redimir uma humanidade profundamente materialista, era natural que ele insistisse muito mais na necessidade de recusar do que de usar as coisas do mundo material. Quem está habituado a abusar, do mundo, como todo pecador, tem de recusá-lo radicalmente antes de o poder usar corretamente; porquanto, "o Cristianismo é uma afirmação do mundo que passou pela negação do mundo".

E até ao presente dia é muito mais importante proclamar o Evangelho do recusar do que o Evangelho do usar, porque o abusar é ainda o grande pecado original desta humanidade profana. É até perigoso recomendar a um abusador do mundo que use esse mundo, porque ele confundirá fatalmente o uso correto com o abuso incorreto a que está habituado; e o seu complacente egoísmo facilmente lhe fará crer que é um homem cósmico, quando não saiu ainda das baixadas do homem telúrico.

Isto, todavia, não invalida a nossa tese de que o Cristianismo é, em sua íntima essência, a religião do uso, ou seja, da afirmação do mundo — naturalmente para os que já se libertaram da velha escravidão do abuso das coisas materiais.

É mais fácil recusar radicalmente o mundo do que usá-lo corretamente. Só quem é perito no recusar é que pode ser mestre no usar. O homem cósmico tem de passar pela escola ascética da disciplina espiritual, a fim de atingir a "gloriosa liberdade dos filhos de Deus".

É esta a Filosofia Cósmica do Evangelho.

"NÃO SABÍEIS QUE DEVO ESTAR NAS COISAS QUE SÃO DE MEU PAI?"

São estas as primeiras palavras que de Jesus sabemos. E são palavras de intensa consciência cósmica — da parte de um menino de 12 anos!

Será eterno mistério para nós, onde, quando e como Jesus alcançou esse estado de avançada consciência espiritual; aos doze anos, possui ele uma noção do reino de Deus muito maior que o mais espiritual dos homens possui no fim da sua vida terrestre.

Os venerandos mestres espirituais de Israel, encanecidos no estudo dos livros sacros, tornam-se subitamente discípulos de uma criança que nunca frequentou escola nem teve mestres humanos.

O homem profano pensa que o iniciado, o homem crístico, tenha descoberto Deus em alguma parte do universo ou dentro de si mesmo; que Deus lhe tenha aparecido subitamente, por assim dizer, numa volta do caminho ou por detrás de algum rochedo do deserto. É engano! O homem dotado de intuição espiritual não descobre Deus em parte alguma do universo nem dentro de si mesmo — ele faz a grandiosa descoberta de que não há nada fora de Deus; que Deus é a única Realidade, o Um e o Todo do mundo; que Deus é o oceano único debaixo da pluralidade das ondas, a luz incolor dentro de todas as luzes coloridas do prisma cósmico; que Deus é a grande Causa única em todos os pequenos efeitos, o eterno Númeno em todos os fenômenos transitórios; descobre que há um só Ser no meio dos muitos existires, que Deus é a Essência Universal e única em todas as existências individuais.

Dizem os inexperientes que isto é "panteísmo", e que ninguém deve ser panteísta.

Coisa estranha! os homens — como inquilinos dum jardim de infância — inventam fantasmas — e depois têm medo dos fantasmas por eles mesmos engendrados.

Um desses temerosos fantasmas chama-se "panteísmo".

Se por "panteísmo" se entende que toda e qualquer coisa finita seja idêntica a Deus, sem distinção alguma, é claro que essa espécie de panteísmo é um atentado à lógica e uma negação dos fatos objetivos. Mas se por panteísmo se entende que Deus está em tudo e tudo está em Deus ("panenteísmo" ou "monismo"), que Deus é a íntima essência de todas as coisas e que estas não são senão outras tantas manifestações da única Realidade "Deus" — neste caso, panteísmo é expressão da verdade objetiva, por menos que os profanos compreendam esta verdade.

Quando Jesus afirma que ele e o Pai são um; que as obras que ele faz não são dele, mas sim do Pai que nele está; e quando Paulo de Tarso diz que já não é ele que vive, mas que é o Cristo que nele vive — não há dúvida alguma de que há em tudo isto uma afirmação de panteísmo, no sentido razoável acima exposto.

Logo depois de ter dito "eu e o Pai somos um", acrescenta o Mestre: "Mas o Pai é maior do que eu"; por onde se vê que o "panteísmo" de Jesus é idêntico ao Cristianismo genuíno e esclarecido, em que pese às teologias dualistas do ocidente.

Desde a sua infância sabia Jesus que a sua missão peculiar, aqui na terra, era estar nas coisas de seu Pai, e que só assim é que ele podia realizar eficientemente as coisas que são dos homens.

Ninguém pode exercer efeito real e benéfico sobre as coisas do plano horizontal se não se identificar primeiro com o espírito da linha vertical. Só uma ética nascida da mística é que pode redimir o homem de todas as suas irredenções.

Só uma profunda solidão com Deus produz e mantém verdadeira solidariedade com os homens. Ninguém pode ser eticamente solidário sem ser misticamente solitário.

O homem espiritual não atua tanto pelo que diz e faz como pelo que é.

Estar nas coisas do Pai celeste é ser alguém, é ter realizado o seu verdadeiro e eterno Eu — todo o resto deriva como simples e espontâneo corolário dessa verdade fundamental.

Ser alguém é muito mais importante do que *fazer algo*.

Só quem, por dentro, é só de Deus pode ser, por fora, de todas as creaturas de Deus.

"FOI CRESCENDO EM SABEDORIA E GRAÇA PERANTE DEUS E OS HOMENS"

Esta única frase de Mestre Lucas resume dezoito anos da vida de Jesus, mais da metade da sua vivência terrestre. Muito se tem fantasiado sobre esses dezoito anos de silêncio dos Evangelhos.

Não é provável que Jesus tenha abandonado a Palestina e visitado outras terras — Egito, Índia, Pérsia, Tibete — para aprender ou para ensinar. Os nazarenos nada sabem dessa suposta ausência do jovem carpinteiro; viam-no todos os dias e estranham a sua sabedoria superior; pois, se nem frequentara escola...

Só aos 30 anos começa Jesus a revelar-se como um profeta e iniciado.

Quem o iniciou nos mistérios do Reino dos Céus? Quem foi o seu guru?

O Nazareno é um verdadeiro autoiniciado. Pelo menos, nada sabemos duma aloiniciação, como é de praxe no Oriente.

Autoiniciado é cosmoiniciado, Cristo-iniciado, Teo-iniciado. É provável que, nesses 18 anos de silêncio e solidão nas montanhas da Galileia o jovem carpinteiro tenha realizado a sua autoiniciação. A profissão do seu ego humano era a de carpinteiro, mas a vocação do seu Eu divino era outra. Certamente, o Verbo não se fizera carne para ser carpinteiro, mas para realizar alguma missão cósmica aqui no planeta Terra.

Que tarefa era essa?

Era a tarefa magna de cristificar plenamente uma creatura humana, de elevar à mais alta perfeição um ser humano, Jesus de Nazaré. Aliás, é ele mesmo que afirma aos discípulos de Emaús que viera à terra para entrar em sua glória. E a epístola aos hebreus descreve a evolução ascensional do Jesus humano rumo ao Cristo divino.

Muitos dos nossos teólogos dogmáticos não simpatizam com essa ideia da evolução de Jesus, tanto mais que confundem a pessoa humana do Nazareno com a entidade divina do Cristo. E o Cristo, dizem eles, não podia evolver, porque era Deus, e Deus é imutável.

Até neste ponto estão as nossas teologias em erro. Segundo os livros sacros, houve evolução tanto na pessoa humana de Jesus, como também na entidade divina do Cristo.

Mas, se o Cristo é Deus?

O Cristo é Deus, mas não é a Divindade. Ele mesmo insiste nesta diferença entre o Cristo-Deus e o Pai-Divindade: "Eu e o Pai somos um, mas o Pai é maior do que eu". A Divindade é maior que Deus.

Paulo de Tarso afirma que o Cristo é "o primogênito de todas as creaturas"; logo, é creatura, e toda à creatura é evolvível.

Também, nós os homens somos "deuses".

A encarnação do Cristo cósmico na pessoa humana de Jesus de Nazaré não visava apenas à sublimação máxima de uma creatura humana, mas também evolução do próprio Cristo. Mais uma vez teve Paulo de Tarso um momento de suprema inspiração, quando escrevia aos cristãos de Filipes: "Ele (o Cristo), que estava na glória de Deus, não julgou dever agarrar-se a essa divina igualdade; mas esvaziou-se dos esplendores da Divindade e se revestiu de forma humana, aparecendo, por fora, como homem, servo, vítima, crucificado. E por isto Deus o exaltou e lhe deu um nome que está acima de todos os nomes, de maneira que em nome de Jesus se dobram todos os joelhos dos celestes, dos terrestres e dos infraterrestres, e todos confessam que o Cristo é o senhor".

Que é isto senão Cristo-evolução?

A voluntária *infra-cristificação* aparente produziu uma *super-cristificação* verdadeira.

Esta voluntária *antidromia* rumo às profundezas produziu uma subida às alturas, o Cristo pré-encarnado se tornou um super-Cristo pós-encarnado.

Paulo, que escreveu as suas epístolas em grego, gosta de duas palavras sonoras: *pléroma* e *kénoma*, isto é, plenitude e vacuidade. O Cristo desceu do *pléroma* cósmico para dentro do *kénoma* telúrico; e daqui regressou a uma plenitude maior do que antes, a uma superplenitude.

— É este o grandioso paradoxo do mundo superior: quando o homem sacrifica voluntariamente a sua liberdade e se escraviza por amor, então eleva ele ao supremo zênite a sua liberdade. O homem é plenamente livre só depois de se tornar voluntariamente escravo — por amor.

Se o Cristo fosse a Divindade, não teria sido possível essa evolução. Mas, como o Cristo é Deus, o primogênito de todas as creaturas, nada há de paradoxal nesta evolução.

Os nossos teólogos têm de superar as suas velhas interpretações analíticas e abrir-se à grande visão intuitiva do Evangelho e dos livros inspirados.

"E Jesus foi crescendo em sabedoria e graça perante Deus e os homens."

“FOI JESUS LEVADO PELO ESPÍRITO AO DESERTO PARA SER TENTADO PELO DIABO”

O episódio da tentação de Jesus representa um *zênite* e um *nadir* na história da humanidade. Um zênite, isto é, um ponto culminante, quando compreendido segundo o seu simbolizado espiritual e cósmico — um nadir, uma cena ridícula, quando interpretada apenas segundo os seus símbolos materiais. Nunca foi tão verdadeiro o conhecido dito do apóstolo Paulo tangente à interpretação dos livros inspirados: “A letra mata — mas o espírito dá vida”.

Perguntaram-me, um dia, se o diabo, quando tentava Jesus no deserto da Judeia, estava fora do inferno, dessa imensa fogueira em que Deus o precipitara. Respondi ao ingênuo consulente que, nessa ocasião, estava o diabo com uns dias de férias e aproveitou o ensejo para se entrevistar com o misterioso eremita, do qual, poucas semanas antes, fora dito, às margens do Jordão, que ele era o “filho de Deus”. Mas o meu consulente percebeu a pilhéria e insistiu em uma resposta real. Ao que lhe tornei que o diabo nunca estivera no inferno, mas que o inferno estava dentro dele, também durante essa histórica entrevista com Jesus no deserto.

Provavelmente, a maior parte dos meus leitores de hoje compreenderá tão pouco essa resposta como aquele meu ingênuo interlocutor. Segundo as nossas teologias correntes, é o diabo um determinado indivíduo que habita no fogo eterno; mas que, apesar disto — ninguém sabe segundo que espécie de lógica! —, excursiona constantemente pelo mundo da humanidade a fim de recrutar adeptos para o seu reino. Os mais ignorantes chegam a ponto de identificar esse orgulhoso espírito com aquelas entidades primitivas e covardes que o Evangelho chama demônios ou espíritos impuros.

Entretanto, segundo o texto do Gênesis, espiritualmente compreendido, como também à luz do Evangelho, o diabo — também chamado Satã ou Belzebu — não é um determinado indivíduo, mas sim uma mentalidade, um modo de pensar, sentir e agir. Simão Pedro, o pescador galileu, é chamado "Satã", palavra hebraica que significa "adversário", coincidindo com seu equivalente grego "Diabolos", isto é, "opositor". Judas Iscariotes era diabo, embora esse discípulo de Jesus continuasse a ser o mesmo indivíduo humano que dantes fora.

Judas era diabo "porque não tinha fé nas palavras de Jesus".

Por que são Pedro e Judas chamados "Satã" ou diabo? Porque o seu modo de pensar e agir era, na frase de Jesus relativamente a Pedro, "segundo o homem, e não segundo Deus"; uma vez que o pescador galileu se opunha à ideia do sofrimento redentor do Cristo. Nenhum egoísta simpatiza com o sofrimento; mas o altruísta, o homem penetrado de compreensão e amor universal, aceita espontaneamente qualquer sofrimento.

Quer dizer que esses indivíduos humanos não se deixaram guiar pelo elemento divino dentro deles, pelo espírito, pelo Cristo interno, pelo divino Lógos "que ilumina a todo homem que vem a este mundo e dá àqueles que o recebem o poder de se tornarem filhos de Deus". E por esta razão é que esses homens são chamados diabo ou "Satã", embora continuassem a ser esses mesmos indivíduos humanos.

A mentalidade egoística e antiespiritual de "Satã" pode apoderar-se de todo e qualquer indivíduo consciente e livre, humano ou angélico. Por isto, "Satã" pode aparecer tanto em forma de homem como de anjo. Todo homem e todo anjo pode "satanizar-se", e pode também "des-satanizar-se", conforme o uso ou abuso da sua liberdade.

A parte físico-mental do homem, o seu ego sensorial e intelectivo, é essencialmente egoísta, e, portanto, pecador. O que peca não é a alma, esse "sopro de Deus"; o que peca é a inteligência associada aos sentidos. A inteligência é também chamada "lúcifer", isto é, "porta-luz", mas não é a luz.

Enquanto a inteligência não se opõe à razão (espírito, alma), ela não é Satã, diabo, mas tão somente lúcifer; só quando o intelecto se opõe à razão, ao divino Lógos, ao Cristo, é que ele se torna Satã (adversário) ou diabo (opositor).

* * *

Acabava Jesus de jejuar e orar durante 40 dias e 40 noites, no deserto, e dispunha-se a iniciar publicamente a sua obra redentora.

Redenção? — que é isto? em que consiste? como se realiza?

Redimir quer dizer resgatar, libertar.

De que modo ia Jesus redimir a humanidade? De que ia ele libertar o homem?

Do Satã do egoísmo físico-mental, base e origem de todos os pecados.

A fim de libertar o homem desse Satã do egoísmo, era necessário invocar um poder superior, ou melhor, evocar das profundezas do próprio homem uma força maior que esse próprio egoísmo, um poder que "esmagasse a cabeça da serpente", segundo as palavras do Gênesis; era necessário erguer às alturas a serpente ígnea que infligia mordeduras mortíferas ao homem. Quando essa mesma serpente rastejante e mortífera fosse sublimada às alturas do espírito crístico, nasceria vida e saúde da própria serpente, como insinua misteriosamente o próprio Cristo.

Dispunha-se, pois, Jesus a mostrar à humanidade o caminho da redenção, isto é, a abolição do egoísmo físico-mental creado pelo Satã intelectual, e a proclamação do amor universal, baseado na razão espiritual do Cristo interno de cada homem. Em Jesus, esse Cristo estava plenamente acordado e cônscio da sua identidade com o Pai, ao passo que nos outros homens esse Cristo continuava a dormir o sono da ignorância e do aparente dualismo separatista entre Deus e o homem.

Neste momento surge nos caminhos do Nazareno o "tentador". Estabelece-se a grande "tentação", ou "tensão", entre as duas maiores potências sobre a face da terra: o *intelecto* e a *razão*, Lúcifer *versus* Lógos, Satã, o anticristo em conflito com o Cristo. E até ao presente dia não foi solvida essa "tensão"; as relações entre o Lúcifer do intelecto e o Lógos da razão continuam tensas, e até hoje Satã está levando vantagem sobre o Cristo: a humanidade continua a guiar-se antes pelo intelecto egoísta do que pela razão altruísta. Nada de redenção!...

O episódio da tentação no deserto é o maior drama que já se desenrolou no cenário cósmico da humanidade, após o primeiro ato desse mesmo drama descrito simbolicamente nas primeiras páginas do Gênesis.

É de per si indiferente decidirmos se esse drama teve uma projeção externa, no plano objetivo do mundo material — ou se se realizou simplesmente no mundo interno do Cristo, uma vez que esse mundo interno é infinitamente mais real do que todos os mundos externos. Em qualquer hipótese, a projeção desse drama interno entre Lúcifer e Lógos no cenário externo nada de real acrescentaria ao fato, assim como as sombras projetadas por um corpo não adicionam novo elemento à realidade desse corpo. O real é o simbolizado — o pseudo-real é o símbolo. O certo é que entraram em conflito em Jesus — como entram em conflito na alma de cada um de seus discípulos — as duas maiores potências sobre a face da terra: o intelecto e a razão, Satã e Cristo, o egoísmo e o amor.

Trata-se do problema central da humanidade, e de todos os outros seres conscientes e livres; trata-se do problema máximo de decidir em que consiste a redenção do homem: *se o homem pode redimir-se a si mesmo pelai luz da sua inteligência humana — ou se deve ser redimido pelo poder do espírito divino, pelo Cristo que nele habita.*

* * *

Através de três estágios, dramaticamente descritos pelo Evangelho, se desenrola esse duelo entre o Satã do Intelecto egoísta e o Cristo da Razão espiritual.

O Intelecto satanizado está convencido de que a redenção do homem consiste unicamente na potencialização máxima das luzes e forças intelectuais; que o homem pode redimir-se a si mesmo e por si mesmo pela ciência e técnica elevadas ao mais alto grau, a ponto de isentarem o homem de todos os males e cumularem-no de todos os prazeres da vida terrestre. Redenção é, para o intelecto, essencial e unicamente, uma questão de bem-estar no aquém, sem nenhuma relação com um possível mundo no além.

"Se tu és filho de Deus", diz cautelosamente o Intelecto satanizado à Razão crística — "manda que estas pedras se convertam em pão". Redenção, segundo a filosofia intelectualista, consiste no conforto máximo da vida material; se o homem chegar a conquistar o maravilhoso poder de converter pedras em pão, sem nenhum esforço físico, mas tão somente pelo poder mágico das forças mentais, é ele um redento e pode ser um redentor para seus semelhantes, irredentos, ensinando--lhes a magia de crear o conforto universal da vida terrestre; a plenitude do estômago, a plena satisfação dos sentidos — eis o que para o Intelecto divorciado da Razão é a redenção do homem!

"Nem só de pão vive o homem" — replica o Lógos — "mas também de toda palavra que sai da boca de Deus". Nem só de matéria física, mas também de energias espirituais vive o homem, porquanto a essência de todas as coisas é espírito; a matéria é apenas um derivado do espírito. Este é autônomo, aquela é heterônoma. O espírito causa, a matéria é causada. O homem, no seu estágio de filho pródigo e pastor de suínos, julgava poder fartar-se com as grosseiras vagens que os porcos comiam, mas verificou que era ilusão, que nem só de alimento material podia ele viver — e foi em busca da iguaria espiritual.

O "tentador", evidentemente, ainda não ultrapassou esse estágio primitivo do filho pródigo, e pretende convencer Jesus de que isto é que é ser "filho de Deus", viver com fartura nesse horizontalismo material.

Derrotado nesse terreno primitivo do materialismo crasso, o Intelecto satânico muda de tática e passa a tentar a Razão crística com a miragem da magia mental, sugerindo a Jesus a ideia de se jogar do alto pináculo do templo ao átrio do santuário, à vista de grande multidão de devotos, a fim de ser por eles aplaudido como um herói descido do céu e miraculosamente preservado ileso. Essa acrobacia de magia mental, esse faquirismo exibicionista, a serviço da vaidade pessoal, é que o tentador considera como "redenção" — e os seus discípulos são legião...

O Cristo, porém, não aceita esse conceito de "redenção", que não passa de outra forma de egoísmo engendrado pelo Satã do Intelecto.

Derrotado em duas investidas, passa o Intelecto à terceira e mais alta esfera dos seus domínios; tenta o Cristo com a suprema fascinação da ambição, do poder político, da inebriante ânsia da autoridade sobre "todos os reinos do mundo e sua glória". Afirma o tentador que tudo isto é dele e que ele o dá a quem entende — afirmação essa perfeitamente exata quando se sabe que é a Inteligência que está falando, ela, que de fato creou todas as maravilhas da ciência e técnica, e, não raro, as oferece como preço da apostasia do Cristo e da deificação de Lúcifer.

E, nestas alturas, o tentador põe uma condição precisa e definida, que revela a sua íntima natureza: "Tudo isto te darei se, prostrando-te em terra, me adorares". O Intelecto satanizado vive eternamente obsessionado pela ideia de ele ser Deus, a suprema e última realidade do Universo; o seu credo é "Eu sou o senhor meu deus, e não terás deuses alheios ao lado de mim".

É este o pecado dos pecados, o pecado supremo e máximo: a autodeificação do Intelecto, a audácia satânica de querer usurpar o trono da Divindade e "sentar-se no templo de Deus como sendo Deus".

O Intelecto exige que a Razão o adore!

Lúcifer satanizado não reconhece o Cristo como seu senhor e soberano; exige dele que se prostre em terra, que se reduza a adorador da Inteligência anticrística e antidivina!

"Vai para trás, Satã!" (em grego: *hypage*, submete-te, vai em segundo lugar) — é a resposta categórica de Jesus — "porque está escrito: Só a Deus adorarás, e só a ele servirás!".

A razão divina do Cristo dá ordem ao Intelecto de Satã para se submeter, ocupar o lugar que lhe compete, não na vanguarda do espírito, mas na retaguarda, não como mandante, mas como servente.

Satã não atendeu ao convite do Cristo de se tornar discípulo dele. Outras Inteligências, porém, apareceram no cenário, os "anjos", e executaram a ordem, servindo a Jesus, consoante a reta ordem das coisas.

O tentador, ao que sabemos, continua na sua impenitência anticrística, procurando redenção pelo egoísmo aureolado de todos os fulgores da inteligência. E os seus sequazes são legião, aqui na terra e quiçá em outros mundos do universo.

Só quando a Inteligência humana se associar às Inteligências angélicas e, espontaneamente, servir ao divino Lógos — só então terminará a dolorosa tensão e tentação e despontará sobre a face da terra o reino da Verdade, da Paz e da Felicidade...

"QUEM NÃO NASCER DE NOVO PELO ESPÍRITO NÃO PODE VER O REINO DE DEUS"

Altas horas da noite.

Alguém bate à porta da casa onde Jesus está hospedado, em Jerusalém.

Entra um venerando rabino da sinagoga de Israel, embuçado no seu manto, com medo de ser reconhecido por seus colegas, que não simpatizavam com Jesus.

E inicia-se, entre o profeta de Nazaré e o rabi de Israel, aquele misterioso diálogo noturno sobre o renascimento espiritual.

Nicodemos, o visitante, não viera propriamente para ouvir tal coisa. O seu objetivo era outro. Estava impressionado com os prodígios que Jesus realizava no meio do povo. Por isto, abre a sua consulta com as palavras:

"Mestre, nós sabemos que vieste da parte de Deus para ensinar, porque ninguém pode fazer os prodígios que tu fazes a não ser que Deus esteja com ele".

"Nós sabemos" — nós, quem? ele mesmo, mais outros rabinos?

"Mestre" — esta primeira palavra de Nicodemos revela que viera como discípulo, embora também ele fosse "mestre em

Israel", e Jesus, oficialmente, não era rabi, como o consulente, que humildemente se senta como discípulo aos pés de um verdadeiro mestre, que talvez tivesse apenas metade da idade do encanecido discípulo.

Mas, não obstante essa humildade, Nicodemos se move ainda no plano horizontal do "fazer algo"; parece nada saber ainda da ignota vertical do "ser alguém", essa nova dimensão em que se moverá todo esse colóquio noturno. Prodígios, milagres, fenômenos — é isto que impressiona Nicodemos, como impressiona sempre os homens-ego, mesmo os de boa vontade. Fazer algo, dizer algo, ter algo...

Jesus, porém, não reage com uma só palavra a essa mania fenomenológica do visitante. Silenciosamente, passa a conversa para outra dimensão. E inicia a sua resposta com um duplo "*amen*", como todas as vezes que procura dar grande ênfase a suas palavras:

"Em verdade, em verdade (*amen*, *amen*) te digo: quem não nascer de novo pelo espírito não pode ver o reino de Deus".

Nascer de novo? Nicodemos acha tão impossível esse processo de renascimento que reage com uma pergunta meio pilhérica:

"Como pode um homem nascer de novo, quando é velho? Será que pode outra vez entrar no ventre de sua mãe e tornar a nascer?".

Evidentemente, Nicodemos só pensa em renascimento material, numa reencarnação física. O Nazareno não nega a possibilidade desse fato, mas não está interessado em fatos, e sim em valores. Pensa como, séculos mais tarde, escreveu Einstein: "Do mundo dos fatos não conduz nenhum caminho para o mundo dos valores; porque estes vêm de outra região". Que adiantaria se o homem reencarnasse fisicamente, 10, 20, 100 vezes? Seria apenas um acontecimento objetivo, produzido por outras pessoas, homem e mulher, mas não seria uma creação de valores subjetivos, única condição válida para ver o reino de Deus. Fatos físicos não interessam a Jesus, somente valores metafísicos. O reino de Deus não é algo que aconteça ao homem, por obra e mercê de terceiros — é algo que ele mesmo produz de dentro de si, pelo poder do livre-arbítrio, pela íntima substância do seu ser, e não é algo que lhe aconteça pelas circunstâncias da natureza ou dos outros homens. O reino de Deus é uma autêntica creação do Eu espiritual, e não uma fortuita produção de egos alheios.

O rabino mergulha num longo silêncio, afagando pensativamente a sua barba branca, por fim murmura: "Como pode ser isto?"...

Responde-lhe o Nazareno:

"Como? Tu és mestre em Israel e ignoras isto?". Que é que um mestre espiritual deve ensinar senão o caminho para esse nascimento espiritual? E como pode ele mostrar o caminho aos outros, se ele mesmo o ignora? E Jesus repete, com grande ênfase, o que dissera, acrescentando mais uma palavrinha:

"Em verdade, em verdade te digo: Quem não renascer pela água e pelo espírito não pode entrar no reino de Deus".

É tão misterioso esse binômio "água e espírito" que desafiou a argúcia de quase dois milênios. E os teólogos de quase todas as Igrejas cristãs concordaram na interpretação de que Jesus se referia ao batismo feito com água e com uma fórmula sacramental. O espiritismo entende pela palavra "água" o líquido que envolve o corpo do nascituro, relacionando as palavras do mestre com um renascimento físico.

Em tempos antigos, na Grécia, era a água considerada como a matéria-prima de todos os elementos físicos, que constituem o mundo e o nosso corpo. E, como o homem integral é bipolar, alma e corpo, o renascimento pela água e pelo espírito significa o renascimento do homem total, a transformação do seu Eu espiritual e do seu ego material, transformação essa operada não por agentes alheios ao seu ser individual, mas por sua própria individualidade, pela onipotência do seu livre-arbítrio, pelo despertamento do seu Cristo interno. Esse despertamento não depende da matéria, mas sim do espírito: quer o homem tenha corpo material quer não, o seu livre-arbítrio pode realizar esse renascimento "pela água e pelo espírito", aqui na terra ou em qualquer outra morada da casa do Pai celeste, em qualquer outra zona do Universo.

Enquanto Jesus e Nicodemos estavam submersos num profundo silêncio, sentados na varanda da casa, passou uma ligeira brisa pelos leques duma palmeira defronte à varanda, e ouviu-se ligeiro sussurro. E o Nazareno, contemplando os flabelos da palmeira, disse, vagarosamente:

"O sopro sopra onde quer; bem lhe ouves a voz, mas não sabes donde vem nem para onde vai. Assim, também acontece com todo homem que nasceu pelo espírito".

Tanto no original grego como na tradução latina, há um jogo de palavras que poucas traduções reproduzem. *Sopro* e *espírito* são sinônimos, e têm o mesmo radical. Em grego *pneuma pnei*, em latim *spiritus spirat*. Procuramos imitar esse jogo em português, traduzindo sopro sopra. Na parte do símbolo Jesus se refere ao sopro ou vento material que agita as folhas da palmeira e produz ligeiro ruído; vê-se o movimento, e ouve-se o ruído, mas não se percebe a causa invisível desses efeitos visíveis. Na segunda parte da alegoria, Jesus se refere ao simbolizado, fazendo ver que a causa do nascimento espiritual do homem é tão misteriosa como a do movimento e do ruído da palmeira; ninguém sabe da origem desse renascimento, nem sabe o seu fim; ninguém sabe por que um homem renasce pelo espírito, e ninguém sabe de que é capaz esse homem; para ele são possíveis as coisas mais impossíveis — ele é capaz até de fazer bem aos que lhe fazem mal, e amar aqueles que o odeiam. Ninguém sabe donde vem esse sopro espiritual e para onde vai esse sopro... Visível é a ética do homem que sentiu o sopro da mística — mas que é esse sopro místico? donde vem? para onde vai?...

Quando Nicodemos se retirou era meia-noite passada.

Mas nos horizontes da sua alma clareava um novo dia; ainda agora, tênue luz de alvorada; mais tarde, o zênite do sol meridiano. Três anos mais tarde reencontramos esse tímido rabino transformado em corajoso discípulo do Mestre divino. Esse mesmo Nicodemos que, nesta noite, tinha medo de ser discípulo do Nazareno, ainda alvo de admiração, mais tarde, no Calvário, tem a coragem de se professar publicamente amigo do crucificado, de um homem execrado como blasfemo pela autoridade religiosa de Israel, e sentenciado como um criminoso pela autoridade civil do Império Romano.

Realmente, o sopro sopra onde quer... Não se sabe donde vem nem para onde vai...

Houve um renascimento espiritual, sem que interviesse nenhum renascimento material. Esse renascimento começou nas trevas da noite, em Jerusalém, e culminou em plena luz meridiana, nas alturas do Gólgota, onde reaparece Nicodemos e se oferece para sepultar condignamente o corpo do crucificado.

O sopro sopra onde quer...

"DESTRUÍ ESTE TEMPLO — EM TRÊS DIAS O REEDIFICAREI"

Há um teste infalível para saber em que plano de evolução se acha um homem: é só verificar a atitude que ele toma em face de seu corpo, como o trata ou maltrata.

O homem espiritualmente analfabeto adora o seu corpo como seu Deus.

O homem semiespiritualizado, e asceta, odeia e maltrata o seu corpo.

O homem plenamente espiritual, o homem cósmico, não adora nem odeia seu corpo, mas respeita-o, mantém-no em perfeita integridade e funcionamento, como veículo e maravilhoso instrumento para a sua evolução superior.

Há três classes de bens externos: os bens de fortuna, o corpo e o intelecto. A inteligência é por demais desconhecida às massas para poderem dela fazer o seu Deus e Soberano; isto é privilégio de alguns cientistas. Os bens de fortuna estão fora do homem, sem contato direto e sensível com o seu ser vivo. Mas o corpo é dos três bens externos o mais conhecido e o que está em imediato contato com cada um de nós, a ponto de muitos identificarem o seu Eu com o seu corpo e suas sensações.

Por isto, é essa atitude em face do corpo o melhor teste para se saber da evolução de um homem.

Jesus nos deixou, no Evangelho, um episódio maravilhoso neste plano.

* * *

Após a purificação do templo de Jerusalém, é Jesus interpelado pelos chefes espirituais, que querem saber em virtude de que autoridade tem ele o direito de fazer o que fizera. E Jesus lhes responde: "Destruí este templo, e em três dias o reedificarei!". Ao que os chefes espirituais replicam: "Quarenta e seis anos levou a construção deste templo, e tu pretendes reconstruí-lo em três dias?".

Acrescenta o evangelista: "Jesus, porém, falava do templo de seu corpo, e, depois da ressurreição, os seus discípulos se lembraram disto".

Em todas as escrituras sacras é o corpo humano chamado "templo de Deus", "templo do espírito santo" (universal), "habitáculo da divindade".

Deus, é certo, está em toda parte; a sua onipresença é absoluta, universal, ilimitada. Mas, há certos pontos onde essa onipresente imanência de Deus se torna mais perceptível a nós, às nossas faculdades sensitiva e intelectiva — assim como a vida universal do cosmos se torna mais perceptível em determinados focos vitais, como plantas, insetos, animais.

É possível destruir um veículo de vida, algum organismo vegetal ou animal, mas não é possível destruir a Vida, que é essencialmente imortal e universal. Matar não quer dizer destruir a vida; quer dizer desligar do oceano da vida universal este ou aquele pequeno veículo individual. A destruição do veículo torna esse veículo inapto de servir como veículo ou porta-vida, mas não aniquila a vida por ele manifestada. Morre o *veículo*, mas continua a viver o *veiculado*. Morre o *contenedor*, continua a viver o *contido*, ou conteúdo. Se a vida cósmica fosse a soma total dos seus veículos individuais, a destruição destes equivalería à destruição daquela — o que é absurdo e ilógico. Ninguém pode destruir a Vida, só pode destruir os veículos vitais.

O homem comum pode *desligar* dos seus veículos a vida universal (matar), mas não pode *religar* esses veículos com a vida universal (ressuscitar). Essa impossibilidade de *reatarmos* com o imenso oceano da vida universal o seu pequeno veículo individual, o organismo, provém da nossa fraqueza e imperfeição. No estágio atual da nossa evolução só podemos *desatar*, mas não *reatar* o *vínculo* entre o veículo vital e o Oceano da Vida. Não temos poder sobre a Vida Universal, só temos poder sobre os pequenos veículos vitais. Se tivéssemos o poder de *religar*, como temos poder de *desligar*, poderíamos dizer com Jesus: "Eu deponho a minha vida quando quero, e retomo a minha vida quando quero"; ou ainda: "Destruí este templo (do meu corpo), e em três dias o reedificarei".

Destruir o templo de Deus, o corpo, não é o mesmo que destruir o espírito universal, o arquiteto, que construiu esse templo, em que habita.

A destruição é um ato *negativo*, passivo — a construção é um ato *positivo*, ativo.

A construção é um *sim*, uma *presença* — a destruição é um *não*, uma *ausência*.

Construir é *acender* uma luz — destruir é *apagar* essa luz e chamar as trevas.

Para negar ou apagar serve qualquer agente negativo — para afirmar, acender, requer-se um fator positivo.

* * *

Não parece estranho que Jesus apresente como argumento da sua autoridade divina de purificar o templo de Jerusalém o fato de ele ser senhor e soberano do templo de seu corpo?

É evidente que ele estabelece um paralelo entre o templo *material* de Jerusalém e o templo *orgânico* do seu corpo. Para reunir e argamassar as pedras daquele santuário morto foram necessários 46 anos — para organizar as células deste santuário vivo foram necessários poucos meses.

O templo de Jerusalém foi construído pelo Deus do Universo externo, através de mãos humanas — o templo do corpo humano é construído pelo Deus do Universo interno, mediante as forças biológicas do próprio organismo. Mas as leis do macrocosmo de fora e as do microcosmo de dentro são as mesmas, porque são as leis de Deus, do arquiteto do cosmos e do arquiteto do corpo.

A profanação do templo — quer de pedras inertes, quer de células vivas — é um crime, em qualquer hipótese. Abusar do templo de Deus para fins alheios ou contrários ao culto divino é um sacrilégio.

O templo de Jerusalém estava reduzido a uma "praça de mercado", como diz um evangelista, ou, como diz outro, a um "covil de ladrões", quando a verdadeira finalidade dele era a de ser uma "casa de oração".

"Praça de mercado" e "covil de ladrões" é a mesma coisa, na linguagem de Jesus, porque tanto uma como outro é um sacrilégio, uma profanação do santuário da divindade, que só deve ser uma "casa de oração", um centro de culto divino. Servir-se do templo para adquirir e aumentar quantidades de matéria morta ou de carne viva — dinheiro ou animais — é desvirtuar a finalidade do templo de Deus.

O templo de Jerusalém era "casa de oração" — e também o templo do corpo humano é "casa de oração", lugar de culto divino. Conservando o corpo puro e sadio, como o de Jesus, devidamente disciplinado e harmonizado em todas as suas funções, é uma sagrada liturgia, um ato de culto religioso. Todas as células do corpo, todas as gotas de sangue, todas as vibrações dos nervos, todos os sentimentos, pensamentos e desejos devem formar uma grande orquestra, uma sinfonia cósmica, para louvar e adorar a Deus, arquiteto e habitante desse santuário vivo.

O templo do corpo é profanado com toda e qualquer atividade que não lhe seja natural; por um modo de vida ou alimentação contrários à sua íntima natureza; por um modo de sentir, pensar ou desejar em desarmonia com a sua verdadeira natureza de veículo e instrumento da alma.

Da completa fidelidade à natureza do corpo, da perfeita harmonia de todas as suas partes e funções desse templo de Deus depende a sua imortalidade. Enquanto não for completa a harmonia de todas as suas partes e funções não pode haver imortalidade do corpo, porque desarmonia é destruição. A imortalidade do corpo provém da completa harmonização de todas as suas partes e funções; mas essa total harmonização das partes entre si só é possível no caso que entre o corpo e a alma haja a devida sub e superordinação; isto é, a disciplina e harmonia entre corpo e alma determina a disciplina e harmonia entre as diversas partes e funções do corpo. Indisciplina espiritual provoca indisciplina corporal.

Esta sub e superordinação é que é a verdadeira "*pureza*", ou seja, o elemento "cósmico" do nosso organismo, a sua "*beleza*", porque a sua "ordem". "Cosmos" significa a beleza nascida da harmonia entre todas as partes componentes e o seu Todo composto. A beleza é a harmonia das partes com o Todo, e, portanto, também das partes entre si. Ordem, pureza e beleza são a mesma coisa. Se uma parte é sacrificada em benefício de outra não há harmonia, beleza, pureza, cosmos — há desarmonia, fealdade, impureza, profanação do templo de Deus.

A pureza constrói — a impureza destrói.

A harmonia é vida — a desarmonia é morte.

A beleza é a vontade de Deus — a fealdade é vontade do homem sem Deus.

A palavra latina "mundus" (mundo) também quer dizer "puro", como o seu contrário "immundus" quer dizer "impuro", "imundo". O mundo é puro ou belo porque é ordem e disciplina, sub e superordinação de partes e funções.

O mundo é puro, cósmico, porque é harmonia — o corpo é puro, cósmico, quando guarda a harmonia natural das suas partes e funções.

Desarmonizar as funções do corpo é torná-lo imundo, impuro, feio, e isto lhe acarreta destruição — destruição parcial pelas doenças, destruição total pela morte prematura. Todas as doenças provêm da desarmonia de funções. A morte em idade avançada não é doença, é o desenrolar duma lei natural; mas a morte prematura é desnatural.

Quem é capaz de conservar o seu corpo puro, harmônico, belo tem também o poder de *reedificar* esse templo de Deus, pelo espírito de Deus, isto é, crear a sua imortalidade corporal. O mesmo espírito de Deus que *edificou* o nosso corpo desde o momento da sua concepção pode também *reedificá-lo* em caso de destruição, parcial ou total. É flagrantemente absurdo e ilógico supor que esse Deus-em-nós, revelado pela alma, não possa reconstruir o que a nossa ignorância destruiu. A sapiência do nosso Eu espiritual constrói o corpo — a insipiência do nosso pseudo-Eu físico-mental destrói, parcial ou totalmente, o nosso santuário orgânico.

Mas, se a sapiência da alma for completa, como a do Cristo, pode ela reconstruir o santuário destruído por outros, insipientes e pecadores.

Jesus não diz que *ele mesmo* vá destruir o templo de seu corpo, mas que seus inimigos o destruirão, e ele reconstruirá pelo poder do espírito o que outros destruíram pela força da matéria. O homem espiritual não destrói o seu corpo, mas reconstrói o que os pecadores — mesmo o pecador dentro dele — destruíram. Disciplina sensata e bem orientada não é destruição, é construção.

Se o lúcifer do meu ego físico-mental destruir o meu santuário orgânico, pelas doenças ou morte prematura, invocarei o Lógos do meu Eu espiritual, o meu Cristo interno, para o reconstruir.

O homem *crístico*, que é o homem integral, o homem cósmico, considera o seu corpo como um santuário, que não deve ser destruído por mortificações insipientes, nem profanado por abusos descontrolados — mas deve ser mantido em toda a sua integridade, força e beleza natural, que convém a um templo da divindade.

E este templo, penetrado pelo espírito imortal, participará da imortalidade do espírito de Deus.

É este o homem cósmico, o homem integral, o homem crístico.

"UMA SÓ COISA É NECESSÁRIA..."

"Marta, Marta, andas inquieta e perturbada com muitas coisas — uma só coisa é necessária: Maria escolheu a parte boa, que não lhe será tirada."

Vai nestas palavras brevíssimas de Jesus toda a filosofia espiritual do Cristianismo. Há quase dois mil anos que a humanidade ocidental tenta compreender o Cristo e seu Evangelho; mas essa tentativa é sem esperança de resultado positivo enquanto não mudarmos radicalmente de perspectiva. E essa mudança não se refere a tais ou quais aspectos periféricos, mas requer uma nova atitude central em face da própria realidade metafísica, eterna, absoluta. Não adianta remendarmos um pouco a "roupa velha" da nossa teologia tradicional, cosendo-lhe algum "remendo novo", não: é necessário e indispensável jogarmos fora, corajosamente, essa "roupa velha" e revestirmo-nos de uma vestimenta inteiramente nova, que não necessite de remendos. Não deitemos o "vinho novo" do verdadeiro espírito do Cristo nos "odres velhos" do nosso cristianismo tradicional, mas tenhamos a jubilosa audácia de crearmos recipientes novos e limpos para o vinho generoso e forte do Evangelho do Cristo.

Enquanto não passarmos do nosso obsoleto e multissecular *horizontalismo* físico-mental para o novo e inédito *verticalismo* espiritual, não compreenderemos o Cristo e seu Evangelho.

Segundo a nossa tradicional filosofia empírica ocidental, o que é real, solidamente real, talvez unicamente real, é este mundo material que os nossos sentidos percebem e cujas leis a nossa mente concebe e calcula. Se, além disto, admitimos alguma outra realidade, não-material, essa outra realidade não passa de algo longínquo, vago, precariamente real, quase pseudorreal, algo em que cremos, em momentos de boa vontade e emoção espiritual, mas de que nada sabemos propriamente, por experiência imediata. Cremos nesse mundo espiritual, mais por convenção do que por convicção; cremos, porque ouvimos dizer ou lemos a respeito desse tal mundo invisível; cremos, quase por fraqueza ou para fazer um favor a Deus... Das realidades do mundo material e suas leis temos noção direta e concreta, diária — ao passo que do mundo espiritual nos vêm apenas uns como que ecos longínquos, uns reflexos indiretos e incertos, que não estão em condições de exercer impacto decisivo sobre a nossa vida humana, ou até suplantar a intensidade das nossas experiências físico-mentais.

A nossa fé não representa 1% da força brutal do nosso "perceber", e por isto é inevitável que a concha da balança da nossa vida terrestre penda invariavelmente para o lado dos sentidos e do intelecto, e não para o lado do espírito ou da razão. O mundo espiritual da nossa fé é, para nós, uma espécie de bela teoria que respeitamos, mas não uma realidade palpável que possamos jubilosamente praticar e entusiasticamente amar. É um esplêndido "fogo pintado", mas não uma chama real; entretanto, com o mais esplêndido fogo pintado numa tela não posso atear fogo em coisa alguma, ao passo que com a menor das chamas reais posso atear incêndios imensos.

* * *

Ora, de que modo poderíamos conseguir que o mundo espiritual, que é a alma do Evangelho, se tornasse para nós pelo menos tão real e eficiente como o mundo material? que exercesse um impacto veemente e decisivo sobre a nossa vida humana? que chegasse a ponto de nos tornar suave e leve o que hoje nos é amargo e pesado? Se tal coisa conseguíssemos, é fora de dúvida que a nossa vida se transformaria completamente; viveríamos agora mesmo o reino de Deus no meio deste "vale de lágrimas"; poderíamos exclamar com um que passou por essa gloriosa experiência; "Eu transbordo de júbilo no meio de todas as minhas tribulações"...

De que modo poderíamos conseguir essa conquista máxima da nossa vida?

Deixando de ser "Martas" e passando a ser "Marias"; deixando de andarmos solícitos e perturbados com as "muitas coisas" do plano horizontal e sentando-nos calmamente aos pés do Mestre, abismados na profunda verticalidade da "única coisa necessária", intensamente real, unicamente real, essa que não é do tempo e do espaço, ilusórios e transitórios, mas da eternidade, e que, por isto mesmo, "não nos será tirada"...

Cruzar essa fronteira invisível, transpor esse abismo imenso, passar por essa crise redentora, saber por experiência pessoal e íntima o que é essa parte escolhida por Maria e infinitamente mais real e grandiosa que todas as muitas coisas de Marta — isto é redenção cristã, isto é iniciação espiritual, isto é entrada no reino dos céus, isto é renascimento pelo espírito, isto é procurar o reino de Deus e sua justiça, isto é, a vida eterna...

Não ter tempo ou interesse para esta única coisa necessária, esbanjar todo o tempo e todo o interesse nas muitas coisas desnecessárias — isto é suprema insipiência, isto é, horrorosa cegueira e obtusidade espiritual, isto é ser filho das trevas e dormir o sono da morte...

Tudo que *temos* ou julgamos ter nos será tirado amanhã — só o que somos é o que seremos para sempre, se é que o somos de verdade, hoje mesmo.

Tudo que eu chamo *meu* está apenas ao redor de mim, fora de mim, longe de mim, alheio a meu verdadeiro ser; nada disto sou *eu*, tudo isto é apenas *meu*, são os *pseudo-meus*. Somente o meu Eu é que é realmente meu, inalienavelmente meu, eternamente meu, gloriosamente meu.

As *quantidades* que Marta tem são fictícias, temporárias — a *qualidade* que Maria é, é real, eterna.

Marta *tem* muitas coisas — e por isto anda inquieta e perturbada.

Maria é *alguém* — e por isto se queda aos pés do Mestre, calma, serena, feliz.

Quando o homem deixa de ter muitas coisas e começa a ser alguém, então vem sobre ele a grande paz, que o mundo não pode dar nem tirar.

Não adianta *ter* — é necessário *ser*...

O *ser* inclui o *ter* — mas o *ter* não inclui o *ser*.

O *ser* é qualidade, é causa, é verticalidade, é fonte — o *ter* é apenas quantidade, efeito, horizontalidade, canal.

Quem de fato é alguém por sua experiência com Deus pode serenamente perder tudo que tem, porque sabe que não perde nada; descobriu a divina matemática de que o *mais*, que é *ser*, inclui o *menos*, que é *ter*; e, como ele possui o *mais*, o grande MAIS, o TODO, a Deus, não precisa preocupar-se com os pequenos *menos*, contidos, todos eles, nesse grande MAIS. Pode espontaneamente abrir mão de tudo quanto *tem*, tornar-se indigente de todas as quantidades horizontais ao redor dele, porque sabe que é milionário daquilo que *é*, da sublime e profunda verticalidade da qualidade dentro dele. Esse homem descobriu o reino de Deus dentro de si, e já não precisa dar caça frenética aos pseudorreinos do mundo fora dele, porque sabe que esses reinos estão todos radicados em Deus, no Deus dentro dele, e que, se os quisesse possuir, os teria todos em grande abundância. Esse homem aprendeu a suprema sapiência de possuir todos os efeitos na causa, e deixou de querer possuir os efeitos sem a causa. Da excelsa atalaia central da sua visão cósmica, esse homem abrange, calma e serenamente, todas as periferias dos mundos que gravitam em torno dele. Possuindo a "única coisa necessária", abrange todas as outras coisas, e as possui sem inquietude nem perturbação, mas com a serenidade dinâmica e a paz creadora com que o homem espiritual penetra todas as materialidades.

Que aproveita ao homem *ter algo*, mesmo que seja o mundo inteiro, se não *é alguém*, se sofre prejuízo naquilo que ele é, sua alma? Poderá acaso o *ter* resgatar o *ser*? poderá o *menos* crear o mais? poderão as muitas *quantidades* produzir a única *qualidade*?

* * *

Essa transformação da nossa falsa política do *ter* na verdadeira filosofia do *ser* é que no Evangelho se chama "metanoia", que quer dizer "trans-mentalização" (metátrans; nousmente), geralmente traduzido por "conversão". Quando o homem começa a compreender a suprema sabedoria de que as coisas do mundo material não são primariamente-reais, senão apenas derivadamente-reais, alo-reais, e não auto-reais, e que só o mundo espiritual é que é real em si mesmo — então passa ele pela grande "metánoia", converte-se, transmentaliza-se, muda de mentalidade, realiza em si a misteriosa alquimia espiritual, transmudando elementos vis em elemento nobre, deixa de ser Marta e se torna Maria, para que depois possa ser Maria-Marta, um ser humano capaz de tratar das muitas coisas do mundo material sem inquietude nem perturbação e sem abandonar o seu lugar aos pés do Mestre.

"PAI NOSSO, QUE ESTÁS NOS CÉUS."

As primeiras palavras que os Evangelhos nos referem como tendo brotado dos lábios de Jesus giram em torno desse conceito central da sua mensagem aos homens, Pai: "Não sabíeis que eu devo ocupar-me das coisas que são de meu Pai?". E o derradeiro suspiro que irrompeu dos lábios moribundos do crucificado também se refere a essa mesma ideia de Pai: "Pai, em tuas mãos entrego o meu espírito".

Sobre esses dois polos extremos, o "Pai" do menino de 12 anos, e o "Pai" do homem de 33 anos, gira toda a filosofia do Nazareno, porque o seu mundo interior se desenrolava nessas regiões invisíveis, para ele infinitamente mais reais e mais belas que todas as realidades e belezas visíveis da terra. "Meu reino não é deste mundo... Eu nasci para dar testemunho à verdade."

Aquilo que Jesus designa com a palavra "Pai" é a "verdade", a suprema e única "realidade" — o resto não passa de sombras e aparências.

O universo inteiro é, para Jesus, a "casa de meu Pai": "Há muitas moradas em casa de meu Pai". A humanidade, quando em harmonia com a vontade do Pai, é o "reino de Deus", ou o "reino dos céus", que ele vinha proclamar na terra e estabelecer nas almas dos homens. E esse "reino de Deus", diz ele, não vem de fora, com observâncias meramente externas, legais e rituais, mas está dentro do homem, porquanto, como diz o quarto Evangelho, a luz do divino Lógos "ilumina a todo homem que vem a este mundo".

* * *

À primeira vista, não parece o Evangelho de Jesus ser uma filosofia, quando se toma este vocábulo em sentido meramente intelectualista; entretanto, a suprema filosofia não é intelectualista, porém racional, espiritual, intuitiva, e, neste sentido, o Evangelho é a mais alta filosofia. A filosofia espiritual não é abstrata, como a outra, porque já ultrapassou a "sagacidade da serpente" e entrou na zona da "simplicidade da pomba". A luta pela verdade obriga o homem a servir-se de termos abstratos — a posse tranquila da verdade faz que ele use de palavras concretas, singelas, quase ingênuas, como as crianças. É a simplicidade da sapiência, e não já a simplicidade da ignorância, nem a complexidade da inteligência. O ignorante é simples por vacuidade, o inteligente é complexo por semiciência, e o sapiente é simples por plenitude, pela posse serena e feliz da verdade definitiva.

Toda verdade espiritual é expressa em termos simbólicos, porque a humanidade, no seu presente estágio evolutivo, não possui senão termos para exprimir coisas concretas (objetos dos sentidos) ou leis concretas derivadas daquelas (objetos do intelecto). Para designar realidades espirituais, servimo-nos de termos da zona físico-mental; quer dizer que usamos *símbolos* físico-mentais para exprimir um simbolizado espiritual. Naturalmente, o homem que não tem experiência alguma do mundo espiritual nada percebe do simbolizado, limitando-se ao símbolo — assim como um cego de nascença que ouvisse a palavra "luz", "vermelho", "azul", "verde" não teria a experiência correspondente a esses vocábulos meramente externos e arbitrários. Para que alguém possa saber do simbolizado ao ouvir ou ler o símbolo, requer-se certa experiência espiritual já préexistente. Uma sementinha no fundo da terra não poderia reagir ao chamariz da luz solar, se ela mesma não tivesse dentro de si uma espécie de "experiência solar", se o seu íntimo quê não fosse "solar"; mas, como todas as coisas são lucigênitas (filhas da luz), podem elas reagir ao impacto da luz que lhes foi causa.

A palavra "pai" é material em seu símbolo, porém, no caso de Jesus espiritual em seu simbolizado; o contenedor físico-mental é objeto dos sentidos e do intelecto, mas o conteúdo espiritual é objeto da alma ou do espírito.

Há quem, baseado nesse termo individual e concreto, forje argumento para provar que Jesus considerava Deus como um indivíduo concreto, como um pai humano, ainda que em grau superior. Entretanto, esse pensamento não é deduzível da palavra "pai", porque, para além desse símbolo individual, está o simbolizado universal.

O que a palavra "pai" significa invariavelmente nos lábios do Nazareno é a eterna Realidade oni-consciente, oni-potente e oni-amante.

No plano do mundo fenomênico, humano, o pai é causador (parcial) do filho, embora também ele, por sua vez, tenha sido causado por outro causador paterno. Todo pai humano, antes de ser causador, é causado, antes de causar ativamente, é causado passivamente, antes de ser causa é efeito. Neste sentido Deus não é pai, porque ele é a causa não-causada, o produtor não-produzido, o pai sem filiação; nele só existe causalidade ativa, e não passiva.

Todo pai humano possui consciência individual — Deus, porém, é a consciência universal.

Todo pai humano é pessoa, um ser personal; "persona", porém, quer dizer "máscara" (derivado de "per" e "sonare" — soar ou falar através); a personalidade não é o indivíduo, senão apenas a sua máscara, aparência, invólucro — Deus, porém, é a realidade em si mesma, e não apenas uma máscara ou aparência de realidade.

Quando Jesus afirma "Eu e o Pai somos um", "o Pai está em mim, e eu estou no Pai"; quando diz a seus discípulos "o Pai está em vós, e vós estais no Pai"; quando o apóstolo Paulo afirma que o homem é templo de Deus e que o espírito de Deus habita nele — evidentemente não consideram Deus como um determinado indivíduo, nem mesmo um superindivíduo, que resida em outro indivíduo; referem-se a uma Realidade universal, onipresente, oniconsciente, que está em todos os seres e na qual todos os seres estão, uma realidade "na qual vivemos, nos movemos e temos o nosso ser", segundo a expressão de Paulo de Tarso.

***

Quando Jesus fala do "Pai", acrescenta quase sempre "que está nos céus". A mais bela das orações que possuímos, a única cujo teor ele ensinou a seus discípulos, começa com estas palavras, tão conhecidas — e tão desconhecidas: "Pai nosso, que estás nos céus". A tradução usual "no céu" revela, desde o início, a falsa concepção do tradutor, dotado apenas de consciência telúrica, mas alheio à consciência cósmica. "No céu" sugere determinado lugar geográfico ou astronômico; Deus habita com seus anjos e santos num certo lugar chamado "céu" — é o que as teologias correntes entendem e ensinam a respeito dessa passagem. Sendo Deus, segundo eles, um determinado indivíduo, uma pessoa, claro está que o lugar onde habita esse Deus-indivíduo, esse Deus-pessoa, esse Deus antropomorfo, feito à imagem e semelhança do homem, esse lugar não pode deixar de estar circunscrito pelas categorias de tempo e espaço. De maneira que a falsa concepção de Deus exige a concepção errônea do céu. *Abyssus abyssum invocat*, um abismo chama outro abismo.

Entretanto, no texto grego do primeiro século, como também no texto latino dos tempos primitivos, e ainda da Vulgata de hoje, não lemos "céu", mas "céus" (*en ouranois, in caelis*, ambos no plural).

Que quer o autor inspirado dizer com esse substantivo no plural: nos céus? Será que Deus está em muitos céus individuais? Não, esse plural indica a universalidade, o ilimitado, o infinito, o absoluto. De modo análogo, no princípio do Gênesis lemos que os *Elohim* crearam todas as coisas; literalmente, "os deuses", porque *Elohim* é o plural de *El*, termo usado para Deus. O Gênesis não professa politeísmo com essa expressão "os Elohim crearam", mas designa a universalidade de Deus, incompatível com uma individualidade.

Da mesma forma, Deus está nos céus quer dizer que ele está no infinito, no absoluto, no universo inteiro, graças à sua imanência que tudo permeia e vivifica. Nestas belas palavras "Pai nosso que estás nos céus" temos a afirmação de que Deus é a íntima essência do universo, a alma eterna de todos os seres, a luz, a vida, a consciência de todas as creaturas. Deus é a única Realidade infinita e autônoma em todas as facticidades finitas e heterônomas. Ele é a causa não causada, o produtor não produzido, o pai sem filiação, o alfa e o ômega, o princípio e o fim de tudo, o *Amen* do Apocalipse e o *Aum* da filosofia védica.

* * *

Entretanto, apesar da sua absoluta e total *imanência* em todas as coisas do universo, Deus não deixa de ser *transcendente* a cada indivíduo como também à soma total de todos os indivíduos, uma vez que nenhum finito, singular ou coletivo, iguala ao Infinito. O Infinito não é a soma total dos finitos, mas a radical negação de todos eles.

* * *

Essa dupla experiência, da imanência e da transcendência de Deus, é essencialmente necessária para que haja Cristianismo ou religiosidade perfeita.

Perante a longínqua e terrífica transcendência de Deus enche-se a alma de reverência, de assombro, de sagrada estupefação; a transcendência de Deus é a sua majestade e sacralidade, o seu grande mistério e a sua profunda escuridão. O primeiro elemento de toda a grandeza e beleza é o seu caráter ignoto e enigmático. No momento que uma coisa ou pessoa é integralmente conhecida e devassada deixa ela de empolgar-nos com o seu fascínio e a sua sedutora reticência, e torna-se profana, insípida, trivial. O Deus transcendente não é, propriamente, objeto de amor, mas sim de admiração.

A sua imanência, porém, faz dele um objeto de amor. Essa experiência da imanência de Deus enche a alma de suave afetividade e doce intimidade associada ao senso de transcendência; o senso da imanência aliado ao de transcendência completa a experiência profunda e vasta do "Pai que está nos céus".

O senso da distância, divorciado do da proximidade, reduziria a religião a uma grandiosa região polar, vastíssimos e solitários campos de neve e gelo fantasticamente iluminados pela luz fria do luar...

Por outro lado, o senso da proximidade sem distância reduziria a religião a uma espécie de amizade ou camaradagem trivial e insípida, incapaz de grandes lances de entusiasmo e arrojados planos de heroísmo. Onde falta a escuridão pressaga do mistério, criado pela longinquidade, lá falta o encanto, o fascínio do incógnito, a força, a audácia necessária para a última e suprema beleza.

A longínqua transcendência faz o homem dizer: Eu te adoro!

A propínqua imanência faz o homem murmurar: Eu te amo!

Ai do homem que tanto se aterra em face do Deus terrificamente transcendente que não o possa amar como suavemente imanente!

Ai do homem que tanto se familiariza com o Deus imanente que deixe de sentir o assombro em face do Deus transcendente!

Bem-aventurado o homem que se delicia suavemente à luz cariciosa do Deus propinquamente imanente a afagar-lhe a alma, como a claridade solar beija as pétalas duma flor — e ao mesmo tempo se extasia ante a majestade do Deus longinquamente transcendente, que o enche de assombro qual globo solar a arrojar gigantescos sistemas planetários pelas vias inexploradas do universo!

Toda religiosidade sadia e bela é feita de um misto de transcendente distância e imanente proximidade; toda religiosidade é um eterno Verbo que se faz carne e habita em nós...

E esses dois elementos, de amor e de assombro, estão contidos nas palavras "Pai nosso, que estás nos céus".

O próprio Cristo Jesus é a divina transcendência feita humana imanência, um misterioso consórcio da profunda vertical com a vasta horizontal — ele é essencialmente o homem cósmico por excelência...

"OS INIMIGOS DO HOMEM SÃO SEUS COMPANHEIROS DE CASA"

O sentido imediato destas palavras do Mestre é o seguinte: quando alguém aceita o novo espírito da mensagem do Evangelho, norteando por ele a sua vida, facilmente entra em conflito com pessoas da sua família ou parentela que ainda não estejam dispostas a fazer o mesmo.

Entretanto, não se limita a incompatibilidade a esse terreno familiar.

Todo homem, depois de certa altura de experiência espiritual, entra fatalmente num ambiente de veemente polaridade ou antítese com a sociedade profana em que tem de viver. O grosso da humanidade vive num plano de evolução apenas físico-mental, guiando-se pelo testemunho dos sentidos e do intelecto, e ignorando os altos ditames da razão espiritual. Quem se eleva acima das vibrações primitivas dos sentidos e do intelecto, entrando na zona das intensas vibrações espirituais, está sempre em perigo de sofrer uma espécie de interferência de ondas, interferência que, em geral, se manifesta em forma de conflito de ideias e ideais, acabando por crear em torno desse bandeirante do Infinito uma atmosfera de frieza, hostilidade e incompreensão. Esse ambiente ingrato leva o homem espiritual instintivamente a um desejo de solidão e isolamento, onde possa cultivar e cultuar desimpedidamente essas coisas belas e queridas que, em horas de profunda contemplação, descobriu e que ama com todas as veras de sua alma. Esse homem anda mal acompanhado na sociedade, e bem acompanhado na solidão.

Os profanos e inexperientes, por via de regra, interpretam esse isolacionismo como "orgulho", "convencimento" ou "exquisitice". Para o homem espiritual, porém, é esse retraimento uma válvula de segurança, um instinto de autoconservação espiritual, porque ele percebe ou adivinha o perigo que há para seus ideais superiores de se contaminarem ou diluírem no meio da sociedade profana. É por esta razão que, qual solícita Vestal do Fogo Sagrado, essa alma ampara carinhosamente a lâmpada divina do seu querido idealismo, preferindo a deserção e o banimento social à extinção do seu fogo sagrado.

Sendo que essa alma creou em si, pelo diuturno contato com o mundo divino, uma antena de grande vibratilidade, é natural que o contato com as rudezas e baixezas do mundo profano lhe causem grandes sofrimentos e lhe ponham em chaga viva o delicado Eu espiritual. O silêncio benéfico da natureza, a vastidão dos desertos, os cumes dos montes, a pureza da mata virgem — foram sempre os companheiros prediletos do homem que entrou em contato direto com o mundo do espírito.

A espiritualidade é a nossa maior glória — e também o nosso mais acerbo sofrimento. Enquanto não chegarmos ao supremo grau da nossa evolução, veremos sempre enflorados de crepe mortuário os alvos berços da nossa vida espiritual, seremos sempre mártires da nossa própria espiritualidade...

* * *

Quando então esse homem tenta reatar o contato com o mundo profano, sem renegar as suas experiências sagradas — começa para ele a fase mais trágica da sua evolução. Como pôr o seu fogo divino em contato com as águas humanas sem que aquele se apague? Será possível semelhante consórcio? Por mais que ele conseguisse "esquentar" as águas profanas, nem por isto deixariam elas de ser um perigo permanente para o fogo, porquanto toda água é anti-ígnea, quer seja fria quer quente... Só deixaria de ser um perigo se se convertesse em fogo...

Para muitos é relativamente fácil entrar no "terceiro céu" da espiritualidade — o difícil está em como sair desse céu *externamente* sem dele sair *internamente*. Por mais estranho que pareça aos inexperientes, é bem mais difícil essa "saída sem sair" do que aquela entrada no "terceiro céu".

A "saída sem sair" requer tamanha força espiritual, uma tensão tal, uma força de coesão polarizada tão grande que poucos conseguem estabelecer esse equilíbrio dinâmico entre duas forças opostas. Se alguém pensa que o iniciado possa, sem mais nem menos, sair desse "terceiro céu" da sua experiência divina, prova que ele mesmo nunca entrou; porquanto o verdadeiro iniciado não pode sair, nem mesmo querer sair, uma vez que todo o seu ser se consubstanciou e identificou intimamente com Deus, o ponto de poder dizer: "Eu e o Pai somos um". Em caso algum poderá sair *internamente*, embora deva sair *externamente*, por amor a seus irmãos.

Praticamente, está a humanidade de hoje dividida em dois campos: o dos materialistas, que ignoram o mundo espiritual — e o dos espiritualistas, que fogem do mundo material. A síntese entre essas duas antíteses é extremamente difícil, e são bem poucos os que a consigam realizar. A síntese entre o extremo profano e o extremo espiritualista seria o centro *crístico*, a *harmonia cósmica* do homem integral, equidistante da adoração servil e do desprezo hostil do mundo.

O homem que consegue viver *no* mundo sem ser *do* mundo atingiu o auge da sua força e da sua glória.

Mas, muito antes de chegar a esse grande tratado de paz universal, o homem terá de verificar, por largo tempo, que seus piores inimigos são precisamente seus "companheiros de casa", os elementos da sua própria natureza humana, e os outros componentes do gênero humano.

A *Bhagavad Gita* descreve simbolicamente a luta de Arjuna (o homem irredento) contra seus parentes, que lhe haviam usurpado o trono. E, no momento em que o jovem príncipe quer deixar cair as armas e desistir da luta, aparece Krishna (o Cristo redentor) e obriga Arjuna a lutar e derrotar seus inimigos, seus parentes ou "companheiros de casa".

Quem são esses parentes?

São todos os elementos humanos do corpo e do intelecto, que precederam e acompanham a evolução da nossa alma e tentam impedi-la da conquista do trono. Todos os nossos ascendentes e colaterais, sensitivos e intelectivos, conluiados contra a alma, procuram usurpar o trono do nosso Eu espiritual, do nosso Cristo interno, como o Evangelho descreve tão dramaticamente no episódio da tentação no deserto, conflito entre Lúcifer e Lógos.

Primeiro, temos de derrotar esses nossos domésticos hostis, para que, mais tarde, quando devidamente espiritualizados, os possamos integrar definitivamente em nosso Eu crístico, e assim terminar a construção do "novo homem em Cristo".

“O REINO DOS CÉUS É SEMELHANTE A DEZ VIRGENS”

Dez virgens aguardam a chegada do Esposo, em plena noite — a humanidade, virgem de fecundação espiritual, à espera das núpcias místicas com o divino Lógos.

Todas elas munidas das suas lâmpadas; cinco, porém, estão com as lâmpadas vazias, e cinco com óleo em suas lâmpadas — a humanidade, embora não apresente grandes diferenças externas, está internamente dividida em dois grupos, diametralmente opostos: uns, munidos do misterioso combustível, dessa luz potencial que pode, a qualquer instante, ser transformada em luz atual; outros, sem esse combustível, essa luz potencial, e por isto nada têm que atualizar no momento decisivo. Muitos homens possuem receptividade espiritual, antenas erguidas ao espaço, à espera duma onda divina, e, embora estejam ou pareçam estar dormindo fisicamente, estão espiritualmente acordados, sempre prontos a acender a sua luz potencial e sair ao encontro do Esposo. 0 sono dessas almas, com suas lâmpadas cheias de óleo, não é, a bem dizer, um sono real, senão apenas aparente; é uma vigília em potência, assim como o óleo é luz e fogo potencial. Mas o sono da alma irreceptiva, sem óleo, é um sono real, pesado, profundo, funesto.

E eis que, de improviso, à meia-noite, vem o Esposo[1] — à meia-noite, quando o sono é mais profundo e o despertar, mais difícil. E só agora é que as virgens tolas percebem que estão sem óleo, quando até então parecia não haver diferença real entre elas e suas companheiras sábias. As trevas do pecado são as trevas do inferno, apenas com a diferença de que o pecador, devido à sua cegueira, não tem ainda a dolorosa consciência do seu pecado; o pecado é o inferno inconsciente, assim como o inferno é o pecado consciente; no momento em que se rasgar o véu da inconsciência o pecador está no inferno, sem nenhum outro aditamento ao seu estado a não ser o despertar da sua consciência para a terrível realidade creada pelo pecado. A vinda do Esposo é o momento crítico em que o pecado gostoso se converte num pecado doloroso; antes desse momento, pode o homem gozar o inferno do seu pecado, porque está cego; depois, só pode sofrer o inferno do seu pecado, porque se tornou vidente. Mas o estado real da alma continua o mesmo, depois como antes; acresce apenas a consciência nítida desse estado. Pecado é inferno potencial, inconsciente — inferno é pecado atual, consciente.

E as virgens tolas pedem às virgens sábias: "Dai-nos do vosso óleo, porque as nossas lâmpadas se apagam". Respondem-lhes estas: "Não é possível; ide e adquiri para vós".

Neste pedido das virgens tolas revela-se a sua extrema tolice e absoluta insensatez: pedem de empréstimo a experiência

[1] O tradutor da Vulgata latina acrescenta "e a esposa", revelando assim que não compreendeu a alma da parábola e destruiu o maravilhoso simbolismo, porquanto as esposas do divino Esposo são precisamente as cinco virgens que estão à espera dele com as lâmpadas acesas. O texto grego só diz "esposo".

divina; querem que suas companheiras repartam com elas o tesouro indivisível e intransferível da consciência cósmica, do encontro pessoal com Deus! Como se houvesse contrabando e ilegalidade no reino de Deus! como se alguém pudesse possuir o que não conquistou com esforço próprio, individual! como se as núpcias com o eterno Lógos pudessem ser realizadas mediante "procuração bastante" de terceiros! como se alguém nos pudesse lançar para dentro do céu, a pedido de outros e em virtude de "proteção"!

Não compreendem a verdade das palavras do Mestre: "A quem não tem tirar-se-lhe-á até aquilo que tem". Nem compreendem o que disse o poeta: "*Was du ererbt von deinen Vaetern, erwirb es, u mes zu besitzen!*" (Goethe) — o que herdaste de teus pais, adquire-o, para que o possuas! Não sabem que, segundo os imutáveis dispositivos da Constituição Cósmica, ninguém pode entrar no reino dos céus sem estar plenamente maduro para esse ingresso, maduro em virtude da sua evolução interna, que ninguém lhe pode dar de empréstimo ou como simples favor. Também, que aproveitaria ao imaturo ingressar no reino da maturidade espiritual? Se um homem imaturo pudesse penetrar nessa zona, não estaria no céu — estaria em pleno inferno, num céu infernal, porque aquele ambiente celeste de maturidade espiritual seria para esse imaturo uma atmosfera infernal e insuportável, e esse infeliz condenado a um céu infernal se daria pressas para sair quanto antes desse horroroso ambiente celeste para se precipitar voluntariamente na sua querida atmosfera infernal, num inferno celestial.

Imagine-se o que aconteceria a um homem boçal que, de súbito, se visse no meio duma sociedade de artistas que falassem em Beethoven, Wagner, Mozart, Verdi, Chopin, Brahms, Bach, ou em Dante, Shakespeare, Goethe! Quanto tempo toleraria ele esse céu das almas artísticas? não arderia de saudades pelo inferno do seu clube de vagabundos, beberrões e colegas boçais?

A experiência íntima não é transferível. Quem tem de buscar o seu Deus sempre de fora de si, diz um grande iniciado, não o possui realmente, nem depois de o ter buscado. Quem não produziu de dentro da própria alma o seu saber sobre Deus e seu reino nunca saberá o que isto seja, embora ouça as mais claras definições de Deus e do céu. O próprio Jesus, com a profundeza única da sua experiência divina, não conseguiu dar a seus discípulos essa experiência, nem mesmo em três anos de convívio diário; só preparou neles o ambiente para que, um dia, quando internamente maduros, pudessem receber "o poder do alto" — e os discípulos receberam essa força e luz no dia do Pentecostes, dez dias após a partida do grande Mestre.

Só pode receber quem tem — quem nada tem nada pode receber.

Não poderia a sementinha no fundo da terra reagir ao chamariz da luz solar se ela mesma não fosse intimamente solar.

Não poderia o olho ver a luz se ele mesmo não fosse produto da luz.[2]

---

[2] Achamos conveniente lembrar, neste contexto, o erro fundamental de certos cultores da Bíblia que, há séculos, tentam compreender esse livro sagrado pelo estudo e análise da letra; querem extrair do corpo morto a alma viva; querem saber o que é Deus anatomizando aquilo que homens divinamente inspirados disseram de Deus e cujo invólucro externo ficou no texto bíblico, mas não o espírito desses homens. Esse espírito dos profetas não está na letra, e só pode estar no espírito do leitor, se vier de dentro da alma dele. Quando vejo alvacento lençol de cinzas, sei que por aí lavrou um incêndio — mas não posso descobrir a natureza e o poder do fogo analisando essas cinzas mortas que ele deixou. Não posso saber o que é Deus estudando as cinzas do texto bíblico — mas posso saber o que Ele é concentrando-me, assídua e intensamente, dentro do meu próprio elemento divino, o meu Cristo interno.

Só o que é potencialmente divino compreende o que é atualmente divino.

Quem não descobriu Deus em seu próprio Eu nunca descobrirá Deus em Deus, nem no mundo externo. O nosso mundo interno é a chave para o descobrimento do mundo superno e externo. Neste sentido diziam os antigos filósofos helênicos: "*Anthropos métron pánton*" — o homem é a medida de todas as coisas.

* * *

"Não pode ser", replicaram as virgens sábias, revelando a sua profunda sapiência cósmica. Não vos podemos dar do óleo da nossa consciência espiritual; "ide e adquiri para vós mesmas".

E as virgens tolas foram-se para adquirir experiência divina. Mas essa aquisição não é um *ato* momentâneo, senão uma *atitude* permanente. Não é um ato isolado, nem mesmo uma série de atos sucessivos — é uma atitude coerente, um hábito contínuo, um modo de ser, um estado fundamental da alma. Não é uma questão de fazer ou de ter — é uma questão de ser.

E enquanto elas iam adquirir o combustível da sua receptividade espiritual, terminou o ciclo evolutivo, a "noite", durante a qual, segundo as imutáveis leis cósmicas, era possível adquirir esse óleo. "Trabalhai enquanto é dia; porque sobrevém a noite, na qual ninguém mais pode trabalhar."

Há, na epopeia da evolução do homem, e de todos os seres conscientes e livres, "aiones" (eons), eternidade, épocas, ciclos evolutivos, em que devem esses seres conscientemente livres realizar determinado avanço no caminho da sua evolução. Se falharem, serão relegados ao *sheol*, *hades* ou *infernus*, isto é, a um estado (não lugar!) inferior, escuro, baixo, espécie de estagnação evolutiva — até que amanheça o subsequente "aion", a próxima "aeternitas", período no qual continua a evolução, ou possibilidade evolutiva desses seres. Dentro do presente ciclo evolutivo não há possibilidade de "trânsito" do "céu" para o "inferno", nem vice-versa.

Se ao período da estagnação evolutiva não sucedesse outro período de possibilidade evolutiva, estaria destruída a justiça da Constituição Cósmica, isto é, a íntima natureza do próprio Deus, porque estariam canceladas a consciência e a liberdade dos seres conscientes e livres. Deus teria contradito a si mesmo; creando seres conscientes e livres, teria abolido a consciência e a liberdade desses seres.[3]

Só depois de esgotados todos os "aiones", se o indivíduo continuar na sua consciente oposição a Deus, inicia-se a sua trágica desintegração, a "morte eterna", dos livros sacros, a "metempsicose" de certas filosofias.

Quando as virgens tolas regressaram — notemos bem: elas regressaram! quer dizer, continuaram ou quiseram continuar a sua evolução rumo ao Esposo — encontraram a porta fechada. Expirara o "aion" ativo, e começara o "aion" passivo, e elas ficaram do lado de fora, nas trevas da sua estagnação evolutiva, por não terem aproveitado devidamente o período da dinâmica progressiva. Mas elas não deixaram de ser livres, nem desistiram do desejo de evolver rumo à luz.

---

[3] Eternidade, em latim *aeternitas*, vem de *aetas*, que quer dizer idade. Uma αετερνιτασ é uma longa *aetas*, eternidade é uma enorme idade ou duração. Toda e qualquer idade ou duração tem princípio e fim, porque é uma categoria do tempo. O que não tem princípio nem fim não é idade, nem eternidade, porque está fora da categoria do tempo. Jesus, na resposta que dá aos saduceus, fala na "presente eternidade" e na "futura eternidade"; a tradução exata seria: no presente ciclo evolutivo (casa-se e dá-se em casamento), mas no futuro ciclo evolutivo...

* * *

Dizem as virgens tolas às virgens sábias: "As nossas lâmpadas se apagam". Não dizem "as nossas lâmpadas não se acendem", o que seria de esperar. Acendem, sim, mas não tardam a apagar. É um processo intermitente de luz e trevas. Não há luz permanente, sem a presença de óleo nas lâmpadas.

Essa parte da humanidade, simbolizada pelas virgens tolas, também acende a sua luz divina — mas é a luz de Lúcifer, não a luz do Lógos. A luz de Lúcifer (porta-luz) é a luz do intelecto — a luz do Lógos (luz do mundo) é a luz da razão. Também o intelecto tenta acender a sua lâmpada, e acende-a de fato, porque é consciente; mas essa luz intelectual não é permanente, como a luz solar; é intermitente, como a luz de relâmpagos em plena noite. Quando o relâmpago rasga, por um instante, as trevas da noite, aparecem os objetos circunvizinhos — mas logo depois as trevas parecem tanto mais espessas e impenetráveis quando mais intenso foi o clarão. O que o homem sabe de Deus à luz da inteligência é um lampejo momentâneo de conhecimento, precedido e sucedido por uma longa noite de ignorância. Mas, quando a experiência espiritual acende a lâmpada da razão cheia de óleo, então a luz é permanente, tranquila, serena, amiga, como um dia de primavera ou verão cheio de luz solar. É que a experiência espiritual, baseada na razão, não é um ato transitório, como são as luzes da inteligência, mas é uma atitude permanente.

O seu *agir* se identificou completamente com o seu *ser*. Esse homem crístico pode, em verdade, dizer com o Cristo que estava em Jesus: "Eu e o Pai somos um".

Celebrou as núpcias com o divino Lógos...

* * *

Os que creem em "penas eternas" — aliás incompatíveis com a "morte eterna", a desintegração do próprio indivíduo — ver-se-ão em grandes dificuldades com esta parábola, em que o Mestre apresenta o reino dos céus como sendo semelhante a dez virgens. De fato, porém, apenas cinco entraram na vida eterna. E as outras cinco? deixaram de pertencer ao reino dos céus? Certo que não, porquanto "o reino dos céus é semelhante a dez virgens", e não a cinco. Logo, as cinco virgens tolas continuam a pertencer ao reino dos céus. Verdade é que, no presente ciclo cósmico, não alcançaram a meta da sua evolução espiritual — o que não obsta a que, em outro ciclo, num novo dia que amanhecer após a noite, adquiram o necessário combustível para acender as suas lâmpadas e entrem nas núpcias eternas.

"QUANDO EU ESTIVER EXALTADO ACIMA DA TERRA, ATRAIREI TUDO A MIM"

Essa "exaltação acima da terra" é, geralmente, interpretada como a crucifixão de Jesus. De maneira que o crucificado seria o poderoso ímã que atrairia a si todas as almas (embora o texto não diga "almas" nem "homens", mas "tudo", incluindo os próprios reinos infra-humanos).

Revelam os autores dessa teologia que só conhecem a *cruz telúrica* do sofrimento de Jesus, e ignoram a *cruz cósmica* da vida gloriosa do Cristo. Estabelecem o estranho e insolúvel paradoxo de que o sofrimento de Jesus atrairia todas as coisas. Esse ilogismo foi aceito, e continua a ser aceito tacitamente, por milhares e milhões de cristãos, através dos séculos.

Entretanto, sabemos, à luz duma lógica mais alta, que o sofrimento, sendo fator negativo, não atrai ninguém, mas repele a todos. Nunca um sofredor inspirou confiança a seus discípulos pelo fato de sofrer. O fraco não confia no fraco. Sofrimento é sinal de fraqueza. Só quando o discípulo sabe que seu senhor e mestre sofre por *querer*, e não por *dever*, livre e não compulsoriamente, é que ele tem confiança nele. Esse *querer-sofrer*, porém, supõe um grande poder, porque só um homem sumamente poderoso pode voluntariamente permitir que a fraqueza do sofrimento venha sobre ele. Um fraco não deve permitir derrota — só um forte pode aceitar ser derrotado, porque para ele nenhuma derrota é real, como é para o fraco; real é a vitória, a derrota é apenas aparente.

Só um forte pode permitir que pareça fraco.

Só um sábio pode permitir que o tomem por ignorante.

Só um imortal pode permitir que sucumba à morte.

Fraqueza, ignorância e morte, quando voluntariamente permitidas por um forte, sábio e imortal, são a mais estupenda afirmação de poder, sabedoria e vida.

Por isto, em última análise, nenhum redentor é redentor pelo fato de sofrer e morrer; ele é redentor unicamente pelo fato de vencer e viver. Sofrer e morrer são coisas negativas; vencer e viver é atitude positiva — a redenção, porém, só pode ser realizada por um fator eminentemente positivo. Uma vez que esse fator positivo existe em alguém com grande exuberância e plenitude, pode esse homem intensamente positivo permitir com serenidade e firmeza qualquer sofrimento e a pior das mortes, porque ele, antes de permitir o assalto desses seus agressores, já os derrotou totalmente.

Se só temos fé em Jesus crucificado, morto e sepultado, é vã a nossa fé, vã a nossa pregação, e estamos ainda em nossos pecados, porque não houve redenção. Entretanto, houve redenção, porque a redenção, iniciada negativamente pelo sofrimento e pela morte da sexta-feira da paixão, consumou-se e completou-se positivamente. pela ressurreição, na madrugada da Páscoa. O ocaso sanguíneo da sexta-feira foi redimido pela alvorada áurea do domingo. Não é o túmulo fechado o teste supremo e último da redenção — mas sim o túmulo aberto e vazio. Não é a cruz telúrica, plantada no topo do Calvário — mas sim a cruz cósmica exaltada sobre as nuvens do céu, aureolada de grande poder e majestade.

A cruz telúrica, presa ao Gólgota, lembra tristezas e lágrimas — mas a cruz cósmica, desprendida da terra e livremente suspensa no espaço, nos inspira hinos de júbilo, hosanas e aleluias de felicidade.

* * *

O Cristianismo, assim como até hoje é conhecido, imperfeitamente, é ainda a religião da cruz do Calvário, tinta de sangue, banhada de lágrimas e envolta nas trevas que acompanharam a morte de Jesus. Um dia, porém, o Cristianismo virá a ser a religião da cruz cósmica das alturas, símbolo de vida eterna, aureolada de luz, exuberante de vida e beatitude.

A cruz telúrica do Calvário, ainda presa à terra, pesada e amarga, é o emblema da nossa moral pré-mística, telúrica, incompleta, dolorosa, porque sem experiência direta de Deus — mas a cruz cósmica sobre as nuvens do céu é o emblema da ética pós-mística, espontânea, radiante.

Esta nos dará forças para suportar aquela. As glórias da ética pós-mística iluminam as trevas ou penumbras da moral pré-mística, de tal modo que esta, amarga e pesada em si, passa a ser suave e leve, porque o homem em contato direto com Deus se enche totalmente da suavidade e leveza do espírito do eterno Lógos que "ilumina a todo homem que vem a este mundo, e dá aos que o recebem o poder de se tornarem filhos de Deus".

* * *

Todo homem que consegue transformar a sua pesada e amarga cruz telúrica na levíssima e dulcíssima cruz cósmica solve o enigma da vida e decifra a esfinge que ameaçava destruir-lhe a felicidade.

Mas essa transformação da dolorosa cruz telúrica na gloriosa cruz cósmica consiste essencialmente em que o homem desprenda essa cruz da terra e a faça pairar livremente no espaço — quer dizer, que transforme a sua estreita consciência individual na vasta consciência universal; que se convença de que não é cidadão desta terra, mas habitante do universo. "Aqui somos apenas estranhos e peregrinos — a nossa verdadeira pátria são os céus", escreve o apóstolo Paulo.

Uma vez superada a tradicional ilusão da nossa cidadania telúrica, e alcançada a grande verdade da nossa cidadania cósmica — todo o resto é espontâneo e fácil.

A serpente rastejante da consciência individual tem de converter-se na serpente sublimada da consciência universal.

De fato, sou cidadão do universo; aqui na terra sou apenas imigrante com "visto" temporário, de poucos decênios; por isto, quero cumprir, com a maior perfeição e alegria, o meu estágio terrestre, a fim de me preparar para outra missão que Deus me confiar em alguma das "muitas moradas" que há em sua casa cósmica.

"Quando eu estiver exaltado acima da terra, atrairei tudo a mim"...

À luz da cruz cósmica, emblema da vida eterna...

* * *

Surge agora o grande problema: Como é possível que a mesma coisa — digamos, o permanente amor aos inimigos — que ontem me era imensamente difícil, quase impossível, me seja hoje espontaneamente fácil, e até deleitável? Como é possível que alguém, sem mentir a si mesmo, possa dizer: "Transbordo de júbilo em todas as minhas tribulações"? Como se compreende que os primeiros discípulos de Jesus, após o

Pentecostes, se retirassem de grandes torturas infligidas pela sinagoga, "cheios de alegria por terem sido achados dignos de sofrer injúrias pelo nome de Cristo", quando, poucas semanas antes, haviam fugido covardemente à vista do sofrimento e renegado o seu Mestre?

Não supõe essa radical transformação da consciência ética e espiritual também no veículo físico e orgânico uma correspondente transformação? Como poderia essa nova consciência cósmica operar sobre a base dos velhos nervos de vibrações primitivas e grosseiras, como são as da consciência telúrica?

É inevitável admitirmos que essa transformação no plano do espírito tenha o seu paralelo no plano da matéria, porque, na presente existência, o espírito nada faz sem que a matéria lhe forneça o competente substrato e veículo. Deve, pois, ter havido no corpo do "convertido" também uma profunda transformação biológica, sobretudo no domínio dos nervos e sua receptividade.

Deve ele "renascer pelo espírito e pela água" (matéria).

Se se tratasse apenas de um ato isolado e transitório, menos difícil seria compreender o fenômeno; mas, no caso duma verdadeira "conversão", não se trata apenas de atos isolados e intermitentes, mas sim duma atitude constante e permanente da parte dessa "nova creatura em Cristo". Estamos diante de um novo início, e não diante duma simples continuação de um processo antigo. Não houve apenas um "novo remendo cosido em roupa velha", nem "vinho novo deitado em odres velhos", não houve algum precário conserto do homem-ego a fim de o tornar sofrivelmente bom por alguns dias, não — mas verificou-se uma nova gênese, um original e inédito "fiat lux", um fato virgem, um verdadeiro "renascimento pelo espírito", e surgiu o homem-Eu inteiramente novo.

Essa nova consciência, essa transformação total da consciência telúrica, individual, numa consciência cósmica, universal, supõe, repetimos, uma profunda transformação no veículo nérveo desse homem.

Se houve um renascimento "pelo espírito", deve ter havido também um renascimento "pela água", quer dizer, pela matéria — um homem novo de alma e corpo. Só assim se explica a espontânea e estética facilidade com que o homem da ética pós-mística realiza coisas que o homem da moral pré-mística só conseguia realizar com extrema dificuldade e sacrifício.

Como se operou essa transformação biológica?

Quem o poderia dizer? Devemos supor que o veemente impacto do mundo espiritual, por ocasião do contato direto com o mesmo, atue sobre o organismo, máxime os nervos, desse homem como uma espécie de poderoso catalisador, modificando radicalmente a função tradicional dos nervos, potencializando-lhe intensamente a voltagem e frequência habitual e imprimindo-lhe uma frequência vibratória essencialmente superior. Uma vez realizada essa potente catalisação dos nervos (acompanhada, não raro, de êxtase ou *samadi*), esse novo estado de vibração se perpetua e adquire caráter permanente. A consciência telúrica, de baixa frequência nérvea, passa a uma frequência muito superior, e nesse plano se estabiliza, realizando com espontânea facilidade as vibrações da consciência cósmica.

E renasceu "de espírito e água" a "nova creatura em Cristo" — esse Cristo cujo corpo, espiritualizado, oferecia ao espírito o mais dócil veículo que já existiu sobre a face da terra.

"MUITOS PECADOS LHE SÃO PERDOADOS, PORQUE MUITO AMOU"

A atitude de Jesus em face do sexo feminino é algo inteiramente inédito na história da Humanidade, revelando, mais que outra coisa qualquer, a grandeza cósmica do Nazareno.

Para o homem comum, há três atitudes possíveis em face da mulher: 1) adoração; 2) desprezo; 3) indiferença.

Nenhuma dessas três atitudes caracteriza a pessoa de Jesus.

O homem que adora a mulher, o "eterno feminino", considera-a como uma espécie de divindade, e a si mesmo como um humilde escravo dessa deusa.

O homem que despreza a mulher serve-se dela, geralmente como de um instrumento para satisfazer os seus instintos masculinos, e esse desprezo é, comumente, chamado "amor". Quase tudo que, no domínio da nossa literatura romântica, nas películas de cinema e na vida social passa por "amor" é simples sexualismo, mais ou menos bem disfarçado em afeição. Servir-se duma pessoa para satisfazer o seu egoísmo sexual é desprezar essa pessoa, porque ela nos serve apenas como um meio para um fim alheio ao valor humano dela.

À margem dos adoradores e desprezadores da mulher, vivem os homens que professam atitude de indiferença em face do sexo feminino, espécie de neutralidade psíquica, que tanto pode provir de uma natural deficiência do homem não plenamente masculino, como também pode ser uma "virtude" ascética laboriosamente adquirida. E, neste último caso, a "frieza" sexual do homem ascético é o resultado de um secreto medo e duma inconfessada fraqueza que ele sente em face da mulher, o secreto receio de sucumbir aos encantos de alguma Beatriz ou às seduções de uma Circe, receio quiçá inconsciente, que leva esses homens a se revestirem duma couraça de gelo, a fim de manterem distante o fogo de algum vulcão feminino.

Não encontramos em Jesus nenhuma dessas três atitudes em face de Eva: nem adoração, nem desprezo nem indiferença. E o estranho é que quase todas as figuras femininas do Evangelho que cruzam os caminhos do Nazareno têm fama de impuras: a Madalena, pecadora pública possessa de sete demônios; a samaritana, que casara cinco vezes e vivia, nesse tempo, com um homem que nem era seu marido; a mulher adúltera apanhada em flagrante.

A mais famosa dessas mulheres pecadoras é, sem dúvida, a formosa estrela de Mágdala, que adquiriu excepcional celebridade, como qualquer *miss* dos nossos tempos, não só nas páginas do Evangelho e na história do Cristianismo, como também na literatura mundial e na arte.

Pouco sabemos da vida ulterior da samaritana e da mulher adúltera absolvida por Jesus. Muita coisa, a coisa gloriosa, sabemos daquela que, após a sua "conversão", se tornou a mais ardente discípula do Nazareno.

A teologia eclesiástica de Roma popularizou o conceito, hoje quase proverbial, de que a maior das virtudes seja a castidade, ou, mais especificamente, a virgindade duma pessoa.

Desde que, no século XI, o celibato clerical se tornou obrigatório nessa Igreja, era lógico que à virgindade fosse conferida a primazia entre todas as virtudes, uma vez que era (ou pelo menos devia ser) a virtude clássica do sacerdote celibatário; e como o sacerdote é apontado ao leigo como a quintessência da espiritualidade e do Cristianismo, era evidente que tanto mais espiritual e cristã era uma pessoa quanto mais virginal.

Entretanto, Jesus nada sabe dessa primazia da virgindade. Para ele, o amor é a maior das virtudes, a quintessência do Cristianismo, a perfeição máxima do homem e da mulher, o amor puro e universal que ele recomenda a seus discípulos como supremo distintivo do seu Evangelho. Não mandou a seus apóstolos que fossem celibatários, mas que se amassem uns aos outros. Quando o doutor da lei quis saber qual era o mandamento maior da lei, não cantou o Nazareno as excelências da virgindade, mas sim a apoteose do amor.

A mais gloriosa página escrita por São Paulo — aliás, considerado antifeminista e advogado do celibato — é o capítulo 13 da primeira Epístola aos Coríntios, e essa página não enaltece a virgindade, mas o amor.

A Madalena era tudo, menos virgem. Disto sabia Jesus. E, no entanto, ele a aceita publicamente como sua genuína discípula e a defende contra as impiedosas invectivas do ascético fariseu Simão e até contra as críticas dos seus próprios discípulos. Mais tarde, concede-lhe o privilégio único da sua primeira visita na madrugada da primeira Páscoa, e incumbe-a explicitamente de servir de primeira mensageira oficial da ressurreição perante os discípulos.

Segundo certas teologias ascéticas de hoje, é tudo isto estranho; mas para Jesus o amor é tudo menos aquilo que os homens mundanos costumam chamar amor, é um amor puro e dinâmico que destrói tudo que o pseudo-amor impuro construiu na vida humana, assim como um violento incêndio reduz a cinzas e fumaças qualquer quantidade de combustível.

E, o que é sumamente fascinante, a própria Madalena compreende intuitivamente esse espírito de Jesus e sua nova atitude em face dele. Apesar da sua vida passada, não se julga indigna de ser a discípula número um do profeta de Nazaré; não se esquiva da presença do Mestre com alegações de pretensa "humildade"; presta-lhe o mais apaixonado serviço que uma alma feminina pode prestar a um homem que ela, ao mesmo tempo, ama e respeita. Deixara o fariseu de oferecer água e toalha para lavar e enxugar os pés do hóspede, Madalena supre essa falta; não manda buscar uma bacia d'água, mas substitui a água, impessoal e fria, com o calor tão pessoal e quente das lágrimas dos seus olhos. Nem manda vir uma toalha inerte para enxugar os pés do querido Mestre, mas lança mão da suave maciez da sua linda cabeleira para prestar a Jesus uma prova de afeição eminentemente pessoal, não menos de discípula que de mulher. Depois, abre um frasco de essência perfumosa e de tão elevado preço que Judas, perito no assunto, se revoltou contra semelhante "desperdício"; o amor, porém, não sabe nada de "desperdício", porque quem se "perdeu" em outra pessoa está disposto a "perder" tudo por amor ao ente amado, na certeza de que toda a perda é lucro. E a Madalena deita o conteúdo do frasco sobre os pés e a cabeça do Mestre querido e completa essa homenagem espalhando o precioso unguento com os beijos dos seus lábios.

O "escândalo" era completo, de maneira que até os discípulos de Jesus se revoltaram. O Nazareno, porém, aceita em silêncio essa homenagem da parte duma mulher que, na opinião pública, continuava a passar por uma pecadora.

Como é tão diferente a filosofia cósmica do Nazareno das teologias espiritualistas dos mestres humanos!

Jesus

Não adora a mulher.

Não despreza a mulher.

Não é indiferente à mulher.

Não receia a mulher.

Não foge da mulher.

Aceita o amor puro de uma chamada "impura".

Não se escandaliza, como o fariseu.

Não se revolta, como Judas e os demais discípulos.

Defende o "desperdício" que uma ardente discípula faz com seu querido Mestre.

Permite que a Madalena desabafe, finalmente, em público, a plenitude do seu coração de fogo na ardente homenagem ao único homem plenamente humano e totalmente divino que encontrou nos caminhos tortuosos da sua vida, finalmente retificada. De fato, o que os machos humanos haviam dado a essa mulher era apenas aquilo que toda fêmea humana deseja — mas nenhum deles lhe dera aquilo por que todo o seu ser humano anseia: compreensão, reverência, delicadeza, simpatia, estima, amor.

A Madalena, nada virgem de corpo, era perfeita-mente virgem de alma; acasalada com muitos, não casara com ninguém; as núpcias do seu verdadeiro Eu, humano e feminino, nunca haviam sido celebradas. E foi por isto que ela, a ardente virgem de Mágdala, pôde celebrar, finalmente, as suas verdadeiras e eternas núpcias com o divino Lógos, o Verbo que se fizera homem em Jesus, cheio de graça e de verdade.

Simão, o fariseu, nada compreendeu desse mistério que se passava em sua casa; só sabia, ou julgava saber, que essa mulher era uma pecadora; mas não sabia que ela era a virgem pura do livro dos Cantares; que ela, mesmo sem o conhecer, passara a vida toda suspirando pelo Esposo, em longas noites de agonia anônima, e dele era noiva ignota — até, finalmente, se lhe prostrar aos pés e reconhecê-lo pelo grande e único Amor de sua vida.

Apesar desse impetuoso amor da Madalena, ela, guiada por uma intuição infalível, sempre se mantém a reverente distância de Jesus; sempre se sente "discípula" do grande "Mestre"; sente-se bem aos pés dele, não reclama lugar *ao lado* dele. Sente-se qual humilde violeta a florir, feliz, à sombra do Himalaia; não pretende ser um *edelweiss* no cume da montanha. Em casa do fariseu, jaz aos pés do Mestre; no horto do Getsêmani, na alvorada da Páscoa, abraça-se com os pés do Mestre — ela, a feliz discípula, ela, a ditosa violeta à sombra do gigantesco Himalaia do seu místico Esposo...

Não parece que a Madalena fugiu das páginas do Cântico dos Cânticos? Poderia repetir tudo o que, nesse poema erótico-místico, disse a Esposa ao Esposo tão longínquo — e tão propínquo...

Entretanto, para se sentir o que ela sentiu, deve-se ser o que ela era.

Muitas são o que Madalena foi — poucas se tornam o que ela se tornou.

"Os seus muitos pecados lhe são perdoados, porque muito amou."

De muitas são os muitos pecados — de poucas é o grande amor.

Todas as águas turvas da vida libidinosa da pecadora abismaram-se, finalmente, na imensa limpidez do divino oceano de Lógos que se fez homem em Jesus e habita entre nós...

E houve hosanas e aleluias na alma da Madalena.

"GRAÇAS TE DOU, PORQUE NÃO SOU COMO O RESTO DOS HOMENS"

A mais funesta das doenças morais se chama "complexo de virtuosidade". É relativamente fácil curar uma pessoa que sofre da consciência do seu pecado — mas é quase impossível curar alguém que sofre do complexo de virtude, heroísmo ou santidade.

O pior dos doentes é aquele que considera saúde a sua doença.

Jesus fotografou magistralmente um desses tipos irremediavelmente virtuosos — o fariseu no templo. Coloca-se ele, afoitamente, ao pé do altar e, lá das excelsas alturas do Himalaia do seu vertiginoso orgulho espiritual, declama perante Deus a estatística dos pecados alheios e o catálogo das virtudes próprias:

"Graças te dou, meu Deus, porque não sou como o resto dos homens: ladrões, injustos, adúlteros, nem como esse publicano aí. Eu jejuo duas vezes por semana e dou o dízimo de todos os meus haveres".

Essa "oração" é uma obra-prima de psicologia. Em primeiro lugar, o fariseu apaga todas as luzes ao redor de si, estabelecendo completa escuridão: todos os outros homens do mundo são maus. E, no meio desse *black-out* total, acende ele o farol — ou antes faz esse vagalume luzir as lanternas fosfóreas das suas luzes pessoais: ele é um homem austero, com dois jejuns semanais, e um homem desapegado dos bens terrenos, tanto assim que dá 10% dos seus haveres para fins de beneficência ou religião. E, como vigoroso ponto final dessa obra-prima de orgulho, dá o fariseu um pontapé moral em seu colega de culto, o publicano.

É praxe de todos os intoxicados de autocomplacência e narcisismo moral pintarem primeiro um fundo bem escuro, negando aos outros homens toda e qualquer perfeição, a fim de fazerem ressaltar sobre essa tela noturna os vivos esplendores da sua pretensa perfeição. Fazem como o vagalume, que só voa de noite, porque, em plena luz do dia, não seriam assaz visíveis as suas lanternas fosforescentes, que ele — pelo menos o vagalume humano — considera um par de sois deslumbrantes, os únicos luzeiros do universo.

"E voltou este para casa não ajustado."

Quem se considera justo não pode ser ajustado, porque não é ajustável. O pecador que nega o seu pecado não pode ser perdoado. Não possui a necessária "pobreza pelo espírito" e "pureza de coração" para ver a Deus e entrar no reino dos céus; não tem "fome e sede da justiça"; quem está cheio do ego não pode ser enchido de Deus. O ego desse homem enche todos os espaços internos da sua personalidade, de tão inchado que está. Ao lado desse eu, inflado de autocomplacência e ego-satisfação, não há lugar para o Tu divino.

Para que o homem possa ser remido, é condição indispensável que primeiro sinta dolorosamente a sua vacuidade e miséria; que seja torturado de pungente inquietude metafísica; que sofra o naufrágio do próprio ego e se afogue no mar de uma profunda humildade e desconfiança de suas forças individuais; que desça ao ínfimo nadir da consciência da sua nulidade pessoal, e de lá erga os olhos e as mãos para o supremo zênite da onipotência divina. Só assim poderão as ondas bravias dos oceanos de Deus lançar esse náufrago de si mesmo às praias redentoras de algum Cosmorama, a alguma ilha em pleno mar.

A humana miséria clamando pela divina misericórdia.

Grandes coisas pode Deus fazer pelo homem — suposto que o homem lhe abra as portas. Enquanto o Lúcifer do homem mental crê em egorredenção não pode o divino Lógos redimi-lo, porquanto Deus "sacia de bens os famintos e despede vazios os fartos", "exalta os humildes e derriba do trono os soberbos".

Há uma auto redenção, é verdade; mas não a egorredenção que o fariseu pretendia. Não é o ego físico dos sentidos nem o ego mental do intelecto que pode redimir o homem, porque esses pseudo-eus são essencialmente egoístas, e egoísmo é irredenção. De fato, o ego físico, o corpo, não se arvora em redentor, porque não possui suficiente consciência para isso; o que se arroga esse privilégio é invariavelmente o ego mental, a "velha serpente"; o Lúcifer do intelecto, quando, qual Narciso ególatra, se mira complacentemente "no espelho do seu próprio esplendor", dificilmente se convence de que a posse dessas grandezas não seja redenção. Chega o ponto de exigir que o divino Lógos, o Cristo, lhe caia aos pés e o adore como suprema divindade do universo. Abaixo do Cristo, é Lúcifer o mais deslumbrante dos Seres — e que admira que não se queira converter e aceitar a soberania do Lógos? Através de todos os tempos, tem o intelecto luciférico procurado convencer o homem de que redenção consiste em "converter pedras em pão", creando abundância de fartura material; ou, então, em se jogar de altos pináculos e conservar-se ileso por forças mágicas, ou, finalmente, em ser ditador de "todos os reinos do mundo". Não atende ao convite do Cristo de lhe ir na retaguarda (*vade retro*!), segui-lo como servo obediente e dócil. Lúcifer quer ser servido, não quer servir.

Todo homem empolgado por essa mentalidade é irredimível; o funesto complexo da sua virtuosidade e perfeição lhe fecha todas as portas para a redenção.

Quem o poderá redimir seria o Cristo, ele, que está com cada um de nós, todos os dias até à consumação dos séculos; ele, que "ilumina a todo homem que vem a este mundo"; ele, que vive em cada um de nós como nosso Eu divino e eterno. É o Cristo eterno do grande Além-de-fora — é o Cristo interno do grande Além-de dentro. Todo homem pode ser redimido por esse seu Cristo, o seu verdadeiro Eu divino — e neste sentido há uma autorredenção, porque esse Cristo interno de cada homem é o mesmo Cristo que estava e está em Jesus de Nazaré. E o meu Cristo pode fazer por mim as mesmas obras que fez por meio de Jesus — suposto que eu renasça pelo espírito e assim receba o poder de me tornar filho de Deus.

O fariseu no templo, porém, não apelou para o seu Cristo; fez valer o seu Lúcifer satanizado, que o levou a desprezar seus semelhantes como pecadores e atribuir a si mesmo santidade por meio de complacentes jejuns e obras de beneficência. Vivia na ilusão de que algo que ele *fizesse* o pudesse fazer bom, quando não é o nosso *fazer*, mas sim o nosso *ser* que nos faz bons ou maus. Mas o nosso verdadeiro *ser* é Deus mesmo, o Cristo em nós. Eu *sou* a minha alma, o meu Eu divino — mas eu *tenho* um ego humano. Não me redime nem me faz bom o que apenas tenho — só me redime e me faz bom o que eu sou.

O que é meu é *quantidade externa* — o meu Eu é *qualidade interna*.

A Verdade nos liberta — a inverdade nos escraviza.

A Verdade é que eu sou a minha alma divina — a inverdade é que eu seja o meu corpo ou meu intelecto humanos, e esta inverdade me mantém preso no cárcere da minha escravidão. E ainda que eu pinte de ouro as grades férreas do meu cárcere e o chame "meu palácio", não deixa de ser prisão, dourada ou não.

Uma vez que eu sou divino no meu íntimo ser, devo viver divinamente no meu externo agir. Devo sintonizar o meu *viver* com o meu *ser*.

Deus é amor e Deus age como amor.

Eu sou amor como Deus — mas ainda não ajo com amor como Deus.

E nessa discrepância entre o que eu sou e o que eu *faço*, entre a *metafísica* do meu ser e a *física* do meu agir — é que está o meu pecado. O meu agir desmente o meu ser!

Mas se eu, como o publicano clarividente e humilde, conhecer e reconhecer que o que me redime não é o meu pequeno pseudo-eu humano, mas sim o grande Tu divino — que é também o meu verdadeiro Eu humano — então voltarei para casa "ajustado", devidamente ajustado à Norma Absoluta de toda a retitude do universo.

E o fariseu, apesar de tão virtuoso, estava desajustado de Deus, porque não era um Eu sapiente. Não estava liberto pela consciência da Verdade libertadora.

"O RICO AVARENTO BANQUETEAVA-SE ESPLENDIDAMENTE TODOS OS DIAS"

O que Jesus nos diz do rico avarento e do pobre Lázaro repete-se todos os dias, através dos séculos e milênios, enquanto a humanidade não passar das baixadas da sua estreita consciência individual, telúrica, para as alturas duma vasta consciência universal, cósmica. Repete-se esta cena em dois sentidos: no plano *social da humanidade* e no plano *individual do homem*.

No terreno social. Opulentos gozadores se banqueteiam à mesa do lauto festim da sua prosperidade material, luxuosamente vestidos, fartamente alimentados — enquanto milhares e milhões de Lázaros, seus irmãos, deserdados da fortuna, vitimados de doenças, cobertos de chagas, jazem à porta dos palácios, ansiando por apanhar alguma das migalhas que caem da mesa dos ricaços, mas nem sempre essas migalhas lhes são concedidas. Os cachorros passam melhor do que essas ruínas humanas — não faltam mesmo ricaços, e sobretudo ricaças sentimentais, que adotam cachorros e gatos, lhes dão casa, cama, mesa, hospital, clínica, e até lhes erigem suntuosos mausoléus de mármore e bronze — enquanto milhares de crianças humanas, órfãos, maltrapilhos, famintos enchem as ruas e os becos, aumentando a delinquência juvenil de amanhã — tão espantosa é a cegueira do coração humano!... Mas os ricaços, egoístas cegos, procuram ignorar as misérias humanas, e, para anestesiar a sua consciência, frequentam igrejas e serviços religiosos, e alguns deles jogam, de vez em quando, uma migalha ou um osso a esses Lázaros famintos, chegando a ponto de destinar- lhes 10% das suas rendas, enquanto eles guardam para o seu egoísmo explorador os restantes 90% da sua opulência, adquirida, talvez, com o suor e sangue das suas vítimas. E, destarte, se embalam na fagueira complacência do seu heroísmo caritativo e da sua grande virtuosidade, tanto mais que a imprensa os aplaude e apelida de "benfeitores da humanidade sofredora".

Uma das mais funestas doenças psíquicas se chama "complexo de heroísmo" ou "virtuosidade"... É dificilmente curável essa moléstia, porque passa por saúde e sanidade.

A caridade, embora boa e necessária, não resolve os dolorosos problemas da humanidade, porque é filha da miséria, e esta, por sua vez, é filha do egoísmo. O que salva a humanidade é o amor, porque o amor abole de vez o egoísmo e não permite o aparecimento e a perpetuação da miséria, que exige a caridade como lenitivo temporário e incompleto. Onde domina o amor não há terreno propício para o desamor, o egoísmo; e onde não há egoísmo não existe miséria humana crônica; e, não havendo miséria crônica, não há lugar para uma caridade habitual, como fenômeno normal da sociedade. Chegamos assim à verdade aparentemente paradoxal de que onde há amor não há necessidade de caridade, porque o amor torna a caridade supérflua, uma vez que lhe subtrai o terreno do egoísmo e da consequente miséria em que a caridade possa medrar. Não negamos que, em casos excepcionais oriundos de catástrofes da natureza — terremotos, enchentes, incêndios, epidemias, etc. — seja necessária a caridade, mesmo ao lado do amor; o que afirmamos é que a caridade como fenômeno normal e habitual da sociedade é algo inteiramente anormal e mórbido. O Cristianismo genuíno e integral não é uma "roupa velha com remendo novo", nem um "odre velho com vinho novo". O Cristianismo não é uma vestimenta rota de miséria precariamente consertada com lindos remendos de caridade, espécie de colcha de retalhos; o cristão não é um remendador de rasgões em roupa velha, nem tampouco um mendigo esfarrapado e ligeiramente remendado para aguentar mais algumas semanas ou meses — o Cristianismo crístico é algo inteiriço e totalmente novo, algo virgem, inédito de alto a baixo, por dentro e por fora; o cristão de verdade não é uma creatura remendada, mas um homem remido, alguém que se despojou totalmente do "homem velho" e se revestiu totalmente do "homem novo", que se tornou "nova creatura em Cristo", sem levar consigo um fiozinho sequer do homem velho que anda ao sabor das suas velhas concupiscências e do seu inveterado orgulho, mas é homem 100% novo, feito em verdade, justiça e santidade...

Mas um homem assim, uma nova creatura em Cristo, só pode ser creado pelo amor, pelo renascimento do espírito...

A humanidade do Cristo não é uma humanidade remendada com caridades — mas uma humanidade remida pelo amor. O homem crístico é como o Cristo, que nunca foi remendado, porque era um remido e um redentor, no qual não havia miséria, e por isto não necessitava de caridades, porque era o supremo amor crístico.

É claro, enquanto não tivermos amor suficiente, vamos praticar caridades em larga escala, porque, uma vez que o nosso egoísmo creou as misérias humanas, é justo que o nosso altruísmo procure suavizar o mais possível essas misérias, filhas do nosso egoísmo.

Mas, em caso algum, devemos cair no erro funesto de pensar e dizer que a caridade possa salvar o homem. A caridade só pode suavizar os males que o egoísmo produziu, mas não os pode abolir, porque ela mesma sofre, e quem sofre com o sofredor não pode abolir os sofrimentos dele. Só o amor é assaz poderoso para abolir, não só o egoísmo, mas também as consequências do egoísmo, os sofrimentos.

Pobres sempre os teremos conosco se não tivermos conosco o Cristo.

Enquanto houver exploradores haverá explorados — mas onde domina o Cristo não há exploradores, e, portanto, não há explorados. O amor do Cristo torna impossível o aparecimento de exploradores, e por isto não necessita a caridade de remediar as chagas dos explorados, porque estes não existem.

Onde o Satanás do egoísmo foi derrotado pelo Cristo do amor não encontram os anjos da caridade campo para suas atividades. É este o Cristianismo genuíno e integral, o reino de Deus proclamado sobre a face da terra.

Mas, enquanto os ricaços continuarem a banquetear-se egoisticamente, continuarão os Lázaros a agonizar à porta deles — e deve haver quem se compadeça caridosamente dos infelizes.

* * *

Entretanto, esse mesmo fenômeno discrepante do terreno social também ocorre no terreno individual — e até certo ponto este é causa daquele. Se dentro do próprio indivíduo não houvesse desarmonia, não haveria desarmonia fora dele, na sociedade. A lei do indivíduo é a lei da sociedade. O homem é a bitola de todas as coisas.

Dentro de cada um de nós vive um rico avarento e agoniza um pobre Lázaro, o egoísta do nosso corpo e a vítima da nossa alma. Damos ao nosso corpo 24 horas diariamente — 8 horas de descanso, 8 horas de trabalhos para o corpo e 8 horas de diversões para o mesmo ricaço. E quanto tempo para os interesses da alma? Talvez a "vigésima quinta" hora do dia? Os poucos que dão à alma 2% do tempo diário, isto é, cerca de meia hora, julgam-se uns homens extraordinariamente generosos e espirituais. A maior parte, mesmo entre os cristãos, não está disposta a "perder" meia hora por dia para tratar exclusivamente das coisas da alma, na oração, meditação, na leitura espiritual; aprovam a parte de Maria, mas escolhem a parte de Marta.

Se quiséssemos "perder" cada dia 2% do nosso tempo para a alma ganharíamos os restantes 98% para a nossa vida verdadeira e abundante; mas, como queremos ganhar 100% para o corpo, perdemos tudo, porque tudo quanto fazemos só no plano horizontal das quantidades externas são outros tantos zeros, cuja soma ou produto será sempre igual a zero: 0x0+0=0. Só se antepusermos a essas filas de vacuidades negativas a plenitude positiva do fator "1", então todos os pseudo-valores materiais serão valorizados pelo verdadeiro valor espiritual: 1.000.000.

O que acontece neste terreno do tempo acontece também no plano do dinheiro. O homem profano gasta o seu dinheiro pela manutenção e intensificação da sua saúde e do seu bem-estar corporal, e estranha quando alguém lhe sugere uma despesa qualquer em benefício da alma. O capitalista do corpo tem direito a lautos banquetes, três ou mais vezes por dia — mas o mendigo da alma não recebe sequer uma migalha desse festim.

De maneira que o homem profano, sem excetuar o cristão, vive num permanente *latrocínio* e numa incessante *mentira* contra si mesmo. É injusto e desonesto consigo mesmo, com seu verdadeiro Eu divino. "Quem guarda em sua casa alguma coisa de que não necessita, e que faz falta aos outros, é ladrão" (Mahatma Gandhi).

Tipo clássico desse ladrão mentiroso era aquele magnífico fariseu no templo de Jerusalém do qual o Nazareno nos deixou tão estupendo retrato: apesar de parecer *asceta* e *filantropo* — pois jejuava duas vezes por semana e dava o dízimo de todos os seus haveres — não deixava de ser um desbragado gozador, porque se banqueteava pomposamente com a refinada iguaria da sua complacente satisfação de não ser "como o resto dos homens, ladrões, injustos, adúlteros", nem mesmo como aquele publicano, seu colega. O mais inebriante de todos os vinhos é o complexo de heroísmo e virtuosidade, a fagueira complacência com os nossos méritos e perfeições.

O fariseu, apesar de não ser ladrão, injusto, adúltero, publicano, apesar de dar para fins de caridade e religião 10% de todos os seus haveres, voltou para casa "não ajustado", porque a sua própria virtuosidade o desajustara.

Na parábola do rico avarento e do pobre Lázaro ocorrem as palavras "há entre nós e vós um grande abismo, de maneira que ninguém de lá pode vir para cá, nem de cá pode ir para lá" — palavras em que muitos veem estabelecida a impossibilidade de uma conversão após a morte corporal.

Esquecem-se eles de que o rico avarento, quando "sepultado no inferno", não revela nenhum indício de conversão; quer apenas alívio nos seus sofrimentos. Não tem vontade de se converter da causa dos seus males, que são suas maldades; quer libertar-se dos efeitos, e não da causa, e isto lhe é negado. Sendo que os males são frutos das maldades, enquanto estas persistirem, aqueles não podem ser extintos, como lhe faz ver a voz de cima.

Seus cinco irmãos vivos, que viviam nas mesmas maldades, também não se converteriam se um defunto reaparecesse redivivo, eles que não ouviram a Moisés e aos profetas.

Esse diálogo entre Abraão e o pecador impenitente não prova, pois, a impossibilidade da conversão após-morte. A morte não torna ninguém pior nem melhor. A morte também não destrói o livre-arbítrio de ninguém. Pode um defunto continuar a ser materialista mesmo sem possuir corpo material. O materialismo é uma atitude mental, que pode persistir também na ausência da matéria, como certamente aconteceu com o rico avarento, que não se converteu do seu materialismo impenitente, e espera poder continuar a ser um materialista sem sofrer as consequências desta sua maldade.

"QUEM PECOU PARA ESSE HOMEM NASCER CEGO — ELE OU SEUS PAIS?"

Refere o Evangelho que Jesus se encontrou com um cego de nascença. Quiseram os seus discípulos e outros saber do mestre quem é que pecara, esse homem ou seus pais, para ele ter nascido cego.

Os consulentes não querem saber se o sofrimento da cegueira era castigo dum pecado, o que para eles era evidente; querem tão somente saber *quem* contraíra esse débito moral que esse cego estava pagando, ele mesmo ou seus pais. Que o débito existia parecia estar fora de dúvida, porque sofrimento supõe culpa; onde não há culpa não há sofrimento.

Como se vê, os consulentes só conhecem o caráter *negativo* do sofrimento; nada sabem do seu aspecto *positivo*. Que possa haver um *sofrimento-crédito* lhes é totalmente ignoto; só conhecem um *sofrimento-débito*.

Supõem eles, além disto, que o homem possa, na vida presente, solver um débito contraído numa vida passada; alguém deixou aquela existência anterior sem estar quite com a justiça cósmica, e tem de saldar a sua dívida na atual existência terrestre. A ideia da reencarnação é tão antiga como a própria humanidade pensante, patrimônio geral de muitas das antigas religiões e filosofias.

Supõe esta pergunta ainda a possibilidade de não ter o homem contraído débito algum, nem na vida atual nem numa existência anterior, mas ter de solver o débito de outros homens, seus pais ou antepassados.

Nesta pergunta, como se vê, temos as duas teorias para explicar o problema do sofrimento humano: a teoria da *reencarnação*, defendida pela teosofia, pelo espiritismo e ideologias afins — e a doutrina do *pecado original*, advogada pelas Igrejas cristãs, discípulas do apóstolo Paulo.

* * *

E Jesus, que atitude assume? de qual dessas duas doutrinas se confessa adepto? toma atitude a favor da reencarnação, ou a favor do pecado original? Afirma que o cego está pagando os seus próprios pecados ou os pecados herdados de seus pais?

Não se declara a favor de nenhuma dessas doutrinas, mas contra ambas.

"Nem ele pecou nem seus pais pecaram, para ele nascer cego!"

O sofrimento desse cego não é pagamento dum *débito*, nem próprio nem alheio. Que é então? Visa a um *crédito*! "Isto aconteceu para que nele se revelassem as obras de Deus."

Jesus declara categoricamente que esse sofrimento tem uma função *positiva*! Por meio dele se revelam as obras de Deus.

Mas que obras?

Dizem uns que essas obras são os milagres, como esse que Jesus ia realizar: Deus teria feito nascer cego esse homem e o teria deixado nessa cegueira, quiçá uns quarenta anos, para que, em momento dado, Jesus tivesse ensejo para realizar um dos seus milagres de cura.

Quem é capaz de aceitar essa explicação, aceite-a — mas saiba que reduz Deus a uma espécie de tirano arbitrário que se diverte com as dores dos seus súditos inermes.

A obra de Deus no homem é a evolução ascensional do ser humano, potencialmente creativo, e que deve tornar-se atualmente creador. Muitos homens, porém, não saem da sua creatividade potencial e entram na creação atual se não passarem por um grande sofrimento.

Verdade é que não é o sofrimento como tal que redime o homem — pode até levá-lo ao suicídio — mas é a atitude positiva que o homem assumir em face do sofrimento que o redime das suas misérias e o faz entrar na sua glória.

Evidentemente, esse homem nascera cego, não para pagar débitos, próprios ou alheios, mas para realizar créditos. Esse crédito de aperfeiçoamento não era possível senão através do sofrimento. Era esta a obra de Deus que se devia manifestar nesse homem: a sua evolução espiritual.

* * *

Um dos mais esplêndidos livros do Antigo Testamento, obra-prima de literatura dramática, versa esse misterioso problema do sofrimento humano. Um abastado e santo fazendeiro gentio, na terra de Huz, perde subitamente toda a sua vasta fortuna, sua saúde e seus filhos; da sua família só lhe ficou, para cúmulo de desgraça, uma mulher insipiente e cínica que nada compreende da alma profunda e sublime de seu esposo.

Sentado num fétido monturo, raspa Job o pus das suas chagas com o caco de um vaso partido, derradeiro vestígio de passadas grandezas — quando aparecem, para o consolar na sua imensa dor, três amigos da vítima, filósofos do oriente. Consternados param ao longe; depois, aproximando-se do infeliz, mudos de dor, sentam-se no chão ao redor dele, sem poderem proferir uma só palavra à vista de tão grande sofrimento.

Finalmente, um dos filósofos abre os lábios e procura elucidar o porquê do sofrimento. O que ele sabe dizer é, em resumo, o seguinte: Deus não castiga inocentes, só castiga culpados.

Replica Job que não tem consciência de pecado que tal sofrimento lhe haja merecido.

Mas o filósofo responde que Job deve ter algum pecado inconsciente, ignorado, pelo qual esteja sofrendo, algum resíduo de "carma negativo", diriam os hindus, algum débito oculto de existências anteriores, diriam os reencarnistas, débito que, finalmente, na presente encarnação ele deva pagar.

Neste mesmo sentido, com ligeiras variantes, abundam também os outros dois filósofos. Todos os três, portanto, admitem que Job é culpado, consciente ou inconscientemente, que o seu sofrimento é o pagamento de uma dívida moral.

Nestas alturas intervém o próprio Deus e rebate com palavras veementes os argumentos dos pretensos exegetas do mistério da dor: Insensatos! que estais aí a adulterar com palavras tolas a sabedoria dos meus planos?

Declara Deus que seu servo Job não sofre para pagar algum *débito negativo*, de tempos passados, mas sim para acumular *crédito positivo* e glórias futuras.

Implicitamente, diz o mesmo que Jesus disse tangente ao cego de nascença: que esse sofrimento o colheu para que nesse homem se revelassem as obras de Deus.

* * *

Na tarde da primeira Páscoa, deixaram dois discípulos de Jesus a cidade de Jerusalém e foram em demanda da sua aldeia natal, Emaús, profundamente revoltados com os sofrimentos e a morte do profeta de Nazaré, inocente e justo — quando se associou a eles o próprio Jesus, sem que eles o reconhecessem. E começou a expor aos dois, à luz das Escrituras, provando-lhes que "O Cristo devia sofrer tudo isso e assim entrar em sua glória".

Nenhuma palavra sobre débito! Jesus sofreu tudo aquilo — por quê? a fim de pagar um débito, próprio ou alheio? Que ele mesmo tivesse débito a saldar, ninguém o admite; mas que os seus sofrimentos tinham por fim solver os débitos de terceiros, da humanidade pecadora de todos os tempos, isto é doutrina geral das Igrejas cristãs. Entretanto, Jesus não afirma nem isto nem aquilo. Diz simples e positivamente que esse sofrimento era necessário para ele atingir a plenitude da sua evolução e perfeição, que ele chama "glória". Admite, pois, o sofrimento como um fator de evolução espiritual, isto é, o sofrimento-crédito.

Em síntese: o sofrimento é um elemento evolutivo, tanto em Job, como no cego de nascença, como também em Jesus. O sofrimento, à luz desses textos, atualiza algo que era potencial no homem, despertando do sono o que dormia nas profundezas da alma, tornando visível algo que jazia invisível e latente nos abismos da natureza humana.

Quem puder compreendê-lo compreenda-o!

Enquanto o homem não atingir as alturas do Cristo não compreenderá que o sofrimento — embora possa, em certos casos, ser pagamento de débitos negativos — crea também um crédito positivo, sendo assim uma etapa para o homem "entrar em sua glória" de homem integral.

"HÁ QUEM DEIXE DE CASAR, POR AMOR AO REINO DE DEUS"

Há, ou pode haver, na vida humana dois apogeus de felicidade peculiar, determinados ou pelo *êxtase da carne* ou pelo *êxtase do espírito*.

Alguns não conhecem nenhuma dessas experiências; a maior parte das pessoas adultas só conhece a primeira: uns poucos sabem por experiência pessoal da segunda.

Toda felicidade, material ou espiritual, consiste fundamentalmente na consciência de uma intensa e exuberante *vitalidade*, de uma espécie de transbordamento de energias vitais.

Quando a vitalidade do corpo humano atinge o seu máximo, na culminância da juventude, podem o jovem e a jovem gozar a mais intensa felicidade corporal, que consiste no êxtase da carne. A imensa maioria da humanidade, no presente estágio evolutivo, não ultrapassou ainda essa etapa de prazer sensorial ou felicidade meramente material. E é por isto que não reagem com entusiasmo quando ouvem falar numa felicidade ultrassensorial, que consideram como quimérica e irreal em face de veemência brutal da embriaguez erótica. Falta-lhes a antena receptora espiritual; quando muito, creem vagamente numa satisfação espiritual, mas nada sabem experiencialmente desse mundo desconhecido.

Uns poucos seres humanos, no presente plano evolutivo, alcançaram uma vitalidade espiritual suficiente para saberem, de experiência direta, o que quer dizer o êxtase do espírito, ou seja, a vivência mística pelo contato imediato com a Divindade.

Em ambos os casos — tanto na erótica da carne como na mística do espírito — a intensa consciência de uma exuberante vitalidade, que é o segredo da felicidade, nasce de uma espontânea *integração da parte no Todo*, porque Vida é essencialmente um Todo.

O êxtase erótico vem duma integração da parte no Todo.

O êxtase místico nasce duma integração da parte no Todo.

Daí, a profunda afinidade entre esta e aquela, por mais paradoxal que isto pareça à primeira vista.

A diferença está no seguinte: no primeiro caso, trata-se de um *Todo relativo* — no segundo caso, do *Todo Absoluto*.

O *sexo* não passa duma *secção* ou segmento da natureza humana total. Nem o homem nem a mulher são a natureza humana em sua inteireza, o *Anthropos*, o *Mensch*. O homem e a mulher são apenas duas individualizações parciais e imperfeitos do SER HUMANO em si.

Por isto, a união sexual, que parece integrar o ser masculino e o ser feminino no seu Todo maior, produz uma espécie de êxtase supraindividual ou uma embriaguez erótica, que não deixa de ter certa afinidade com a morte ou o suicídio. Parece que ele ou ela deixa de ser um indivíduo à parte e, através dele ou dela, se funde num Todo supraindividual, universal, cósmico, "de maneira que já não são dois, mas um só". Tanto o orgasmo *erótico* como o entusiasmo *místico* têm caráter cósmico, seja para o subconsciente, seja para o supraconsciente.

Essa desintegração dos indivíduos, masculino e feminino, e sua reintegração num Todo ultra — ou extrassexual, tem algo de comum com a morte ou dissolução do indivíduo e sua absorção pelo grande Todo. Não é sem razão que consideramos a virgindade como uma espécie de "integridade" individual, e sua perda faz lembrar uma tal ou qual "desintegração" individual seguida de uma "integração" universal.

0 êxtase da carne, a embriaguez erótica, é a transição daquele para este estado.

Ora, na experiência mística há essa mesma sensação, essa espécie de volúpia que empolga o indivíduo no momento da sua integração no Todo relativo, pela erótica sexual; mas, na experiência mística já não se trata duma integração do indivíduo num Todo relativo mas sim no Todo Absoluto, na Divindade.

A erótica da carne é suplantada pela erótica do espírito, que é a mística; mas a afinidade continua a vigorar, embora num plano essencialmente superior, imaterial. Não é mais o indivíduo que se cosmifica — é o próprio homem, a creatura humana, que se super-humaniza, para se divinizar. Na mística é bem mais radical o egocídio do que na erótica. Amor, erótica, mística, morte — é impossível dissociar estes fenômenos, diversos nas suas ramificações externas, mas idênticos na sua raiz interna, no misterioso subsolo da sua unidade essencial.

Essa integração do Eu humano no Tu divino, essa fusão da consciência individual na Consciência Universal, essa submersão da onda da minha vida limitada no ilimitado oceano da Vida Cósmica, vem necessariamente acompanhada de uma sensação de indizível felicidade, de uma embriaguez beatífica incomparavelmente mais intensa e fascinante do que a momentânea embriaguez erótica do sexo. Esta é como que um relâmpago em plena noite, um parêntese de luz violenta no meio de duas trevas profundas — ao passo que aquela é semelhante a uma serena e tranquila claridade solar em pleno dia.

Na erótica do orgasmo sexual não há nem pode haver verdadeira fusão dele e dela, porque se trata de dois indivíduos, necessariamente separados como tais; nunca pode o indivíduo A ser realmente o indivíduo B. Mas na experiência mística a fusão é possível, porque se trata de um individual e dum Universal. Não se pode fundir a parte A na parte B, mas pode-se fundir o indivíduo parcial e finito no Ser Universal e Infinito.

Na erótica, a fusão é ilusória — na mística a fusão é real.

Por isto, daquela resulta uma felicidade efêmera — desta, uma beatitude eterna.

A fusão mística, porém, não é uma absorção, substituição, aniquilamento ou extinção do indivíduo em prol do Universal — e é precisamente aqui que principia a grande e jamais devassada obscuridade para o nosso intelecto analítico! De que modo continua a existir o indivíduo após a sua definitiva fusão no Universal, na Divindade? Em vez de analisar esta pergunta inanalisável, lembramos apenas que é experiência de todos os grandes gênios espirituais da humanidade, sobretudo do Cristo, que a identidade individual do Eu continua a persistir após a fusão do homem na Divindade. É que todos esses gênios viviam num plano superior onde a lógica intuitiva da razão espiritual eclipsa toda a lógica, ou pseudológica, analítica da inteligência personal.

* * *

Sendo que a mais intensa felicidade (ou prazer) no plano material é o êxtase da carne na erótica sexual, e como, por ora, a nossa humanidade não possui vocabulário próprio para experiência mística, é geral em todas as literaturas o uso de termos eróticos para designar experiências místicas. O inexperiente corre, então, o perigo de tomar esses *símbolos* materiais pelo *simbolizado* espiritual, uma vez que "o conhecido está no cognoscente segundo a capacidade do cognoscente", Quem nunca teve experiência espiritual não pode saber o que simbolizam os símbolos materiais.

Nos livros sacros de todos os povos, sobretudo na Bíblia, quer no Antigo, quer no Novo Testamento, como também nas obras dos místicos, dentro e fora do Cristianismo, o encontro direto da alma com Deus é, invariavelmente, representado sob a forma de uma "festa nupcial", de um conúbio da alma com o divino Esposo.

No âmbito dos livros sacros do ocidente, é o "Cânticos dos Cânticos" o poema clássico da mística divina apresentada em roupagens de erótica humana, e é indício de uma verdadeira intuição espiritual que tanto a Sinagoga de Israel como também a Igreja cristã tenham incluído o livro dos Cantares no cânon dos livros divinamente inspirados. Nas páginas desse grandioso poema erótico-místico não ocorre nenhuma união sexual, nenhum acasalamento no sentido tradicional, nenhuma procreação de filhos, porque no terreno do simbolizado místico não há união carnal nem procreação material: há uma espécie de *autocreação*, por mais paradoxal que isto pareça.

Se Salomão é o autor do "Cântico dos Cânticos", pode-se afirmar que essa epopeia mística marca a verdadeira grandeza desse homem singular, tão humano e tão divino — assim como a vida erótica com suas esposas e concubinas assinala o limite da sua grandeza: depois de gozar a plenitude do êxtase da carne, anseia Salomão, insatisfeito, pelo êxtase do espírito.

* * *

Quando o homem chega ao zênite da sua experiência mística, eclipsa-se nele todo o desejo erótico, não por uma violenta supressão, mas por um processo de espontânea integração deste naquela. As núpcias espirituais da alma humana com o divino Lógos sobrepujam totalmente as núpcias materiais do homem e da mulher.

São estes os "eunucos por amor ao reino de Deus", na misteriosa linguagem de Jesus; não os que nasceram incapazes para o casamento, nem os que foram feitos incapazes por crime de outros, mas os que a si mesmos se tornaram incapazes da erótica sexual graças à plenitude da mística divina. No mundo dos "regenerados" — isto é, dos novamente gerados ou renascidos pelo espírito — não se casa nem se dá em casamento, porque "todos eles são como os anjos de Deus nos céus, por serem filhos da ressurreição".

Quem ressuscitou da matéria para o espírito, da erótica para a mística, se tornou a si mesmo inidôneo para as núpcias humanas, não por deficiência de vigor orgânico, como os eunucos naturais ou artificiais, mas por abundância e plenitude de vigor e poder divino, porque contraiu núpcias com o eterno Lógos, cheio de graça e de verdade.

Quanto mais completo é um ser humano pela integração do seu pequeno indivíduo no grande Universal, tanto menos lhe falta uma "outra metade", porque a integração no Todo Absoluto fez silenciar nele todo desejo de uma integração num Todo relativo. No caso, porém, que viva em regime de núpcias humanas, estas não lhe representam o último centro de gravitação da sua vida, mas lhe são antes como que uma periferia concomitante com a qual todo o seu ser sexual e humano gira em torno do centro cósmico do eterno Lógos.

O Cristo, que era totalmente "um com o Pai", já não necessitava de integração humana; a plenitude da sua mística eclipsara nele toda e qualquer erótica sexual. É possível que, para o homem comum, a integração no Todo relativo da erótica seja uma ascensão e um meio de aperfeiçoamento — mas, para o Cristo, no qual "habitava corporalmente toda a plenitude da Divindade", essa integração relativa teria sido uma diminuição e decaída da sua grandeza.

"Há quem se torne incapaz para o casamento por amor ao reino de Deus — quem puder compreendê-lo compreenda-o!"

"PROCURAI PRIMEIRO O REINO DE DEUS — E TUDO ISTO VOS SERÁ DADO DE ACRÉSCIMO"

O Evangelho de Jesus está repleto de afirmações categóricas como esta, afirmações que se podem resumir e parafrasear nos seguintes termos:

Todo homem que buscar sinceramente as realidades do mundo espiritual receberá espontaneamente as coisas necessárias para uma vida terrestre decentemente humana.

Haja vista palavras de Jesus como estas: "Tudo que pedirdes a meu Pai em meu nome, crede que o recebereis".

Ou estas: "Tudo que, na oração, pedirdes com fé, se não vacilardes, crede que o recebereis".

Ou ainda: "Tudo é possível àquele que tem fé... Se tiverdes fé, que seja como um grão de mostarda, e disserdes a este monte: Sai daqui e lança-te ao mar! assim acontecerá".

Ou, finalmente, o texto completo parcialmente citado na epígrafe deste capítulo: "Buscai em primeiro lugar o reino de Deus e sua harmonia e todas as outras coisas vos serão dadas de acréscimo".

Nessas e em outras afirmações promete Jesus, não a consecução das coisas espirituais ("o reino de Deus"), mas também toda e qualquer outra coisa material que não seja contrária àquela; promete mesmo o completo domínio sobre a natureza física em virtude duma simples ordem, sem aplicação de aparelho algum. Dizer a um monte: Sai daqui e joga-te ao mar! Não faz parte do mundo espiritual em si, mas também isto garante o Nazareno a quem tiver fé, isto é, quem estiver identificado com o mundo espiritual pela consciência cósmica.

Com outras palavras: Todo homem que tiver, de fato, realizado a si mesmo, o seu Eu espiritual e divino, será capaz de realizar tudo fora de si. A realização do sujeito produz a realização dos *objetos*. É esta a filosofia do Evangelho, por mais estranho e inverossímil que pareça ao homem inexperiente.

Para fins de brevidade e simplicidade, passaremos a chamar o processo subjetivo "autorrealização", e o processo objetivo "alorrealização".

O homem profano vive na estranha ilusão de que deva realizar, aqui na terra, umas quantas coisas fora dele, e, quanto mais coisas externas realizar, tanto mais vitorioso foi na vida. Ganhar dinheiro, comprar terrenos, construir casas, gozar grande soma de variados prazeres, adquirir celebridade, fazer um bom casamento, criar filhos, conquistar posição social e política, etc. — tudo isto considera ele como a quintessência da sua vida terrestre. Entretanto, tudo isto é alorrealização, realização de objetos vários, no plano horizontal, de algo que é *dele*, mas que não é *ele*. Realiza objetos, não realiza o sujeito. Conhece a fundo todos os recantos no plano horizontal, ignorando, talvez, por completo os mistérios do plano vertical.

A diferença essencial entre a filosofia dos grandes gênios espirituais da humanidade, sobretudo Jesus de Nazaré, e a política do homem comum, é precisamente esta: o homem profano vive na permanente, e quiçá inconsciente obsessão de que deva realizar tais e tais coisas fora de si, no plano material, científico, social, para que sua vida tenha valor e plenitude;

feito isto, esse homem morre tranquilamente, na certeza de que a sua vida foi fecunda e próspera — os grandes iniciados, porém, procuram realizar plenamente o seu próprio Eu divino.

Que é que faz o homem profano? Faz uma enorme coleção de zeros, de todos os tamanhos e de todas as cores; soma e multiplica essas vacuidades, pequenas e grandes, e despede-se da vida, na convicção de ter acumulado grande cabedal de valores. Em sua cegueira, não percebe que esses zeros não têm valor intrínseco, autônomo, em si mesmos, pois representam qualidades negativas. E essa ignorância da sua própria cegueira lhe dá aquela tranquilidade em que vive e morre. Se ao menos suspeitasse a ilusão em que se encontra!...

Seria possível dar valor a cada uma dessas nulidades, a essa coleção de zeros?

Seria possível, sim; bastaria antepor-lhes um valor positivo, por exemplo o algarismo "1". Neste caso, o primeiro zero teria o valor de 10, o segundo o de 100, o terceiro valeria 1000, e assim por diante. Cada uma das quantidades negativas dos zeros fez, por assim dizer, um empréstimo no "banco" da qualidade positiva "1". Esse valor positivo "1" é, por assim dizer, uma fonte inesgotável para todos os zeros a ele associados, um foco luminoso que, por mais luz que irradie aos objetos escuros em derredor, nada perde da sua intrínseca luminosidade. De fato, o "1", por mais que valorize os desvalores dos zeros atrás dele, não se desvaloriza a si mesmo. Dá sem nada perder.

Se o homem profano descobrisse essa maravilhosa matemática do reino de Deus, essa sapiência espiritual, deixaria de ser um profano e se tornaria um iniciado.

Todos os iniciados sabiam desta grandeza e fizeram dela o centro da sua vida. Daí a sua imperturbável firmeza e segurança, daí a sua inabalável serenidade e felicidade em todas as conjunturas da vida.

Enquanto o homem não é ainda plenamente iniciado no âmago da verdade, mas já deixou de ser um profano absoluto, trata ele com certa desconfiança esses zeros das coisas do mundo; não os quer ver associados ao grande "1" da sua vida espiritual; deserta do mundo, isola-se numa caverna ou mosteiro, porque quanto mais longe do mundo tanto mais perto se sente ele de Deus.

É que não compreendeu ainda que esse "1" que ele busca com tanto afã pode e deve valorizar todos os zeros — quando estes ocupam o seu lugar à direita que lhes compete: 1.000.000; se ocuparem a esquerda, é claro que o "1" sairia diminuído e tanto mais desvalorizado quanto maior é o número dos zeros; 000.000.1.

"Que aproveita ao homem ganhar o mundo inteiro, se chegar a sofrer prejuízo em seu próprio Eu" (alma) — é com estas conhecidas palavras que o maior autorrealizador da história exprime a grande verdade.

O homem inexperiente pretende realizar os objetos pelos objetos — o homem experiente descobriu que os objetos só podem ser realizados pelo sujeito, suposto, naturalmente, que este se ache plenamente realizado. A causa é o sujeito, os efeitos são os objetos; não podem estes nascer se aquela não for perfeitamente sadia e forte. Uma fêmea imatura não produz filhos; para que estes possam nascer deve ela adquirir plena maturidade.

Querer realizar objetos do plano horizontal por meio de objetos desse mesmo plano — eis a ignorância multimilenar da humanidade.

Realizar quaisquer objetos externos pelo sujeito interno, do plano vertical — eis a grande sabedoria de todos os gênios espirituais!

Alo-realização pela autorrealização!

Só quando o *sujeito individual* (homem) se identifica totalmente com o SUJEITO UNIVERSAL (Deus) é que ele pode, de fato, realizar algo no plano dos objetos; toda e qualquer outra espécie de alorrealização é puramente ilusória e irreal.

A filosofia cósmica é a única ciência realmente exata, porque o seu contrário é metafisicamente impossível. Podem-se provar, com todo o rigor da lógica, três coisas baseadas nesta verdade: 1) que alorrealização não é possível sem autorrealização, 2) que a autorrealização acontece infalivelmente quando o sujeito individual (homem) consegue adquirir a consciência cósmica da sua essencial identidade com Deus, essencial identidade essa que, todavia, não exclui, mas inclui, a nítida consciência da sua diversidade e inferioridade existencial, humana, 3) que, uma vez efetuada a autorrealização, a alorrealização acontece infalivelmente, consoante a lei básica da Constituição do Universo, porque o efeito segue necessariamente à causa, quando esta atinge sua plenitude.

O que acabamos de expor, em terminologia filosófica, naturalmente difícil para os não-habituados, encontra-se, em substância, no fundo de todas as afirmações e declarações dos grandes mestres espirituais da humanidade. Como, porém, o gênero humano não possue um vocabulário adequado para experiências espirituais, servem-se os mestres da linguagem comum, com a diferença de que por detrás desses símbolos materiais deve o homem experiente descobrir o *simbolizado* espiritual. Toda linguagem espiritual é uma parábola: o contenedor é humano, o conteúdo é divino; o corpo é material, a alma é imaterial.

* * *

O texto diz "o Reino de Deus e sua harmonia", ou justiça, que quer dizer ajustamento, ou harmonia. O homem espiritual percebe a harmonia ou a justeza que vigora entre o mundo espiritual e o mundo material. As leis cósmicas primam por uma perfeita complementaridade : se o homem realizar o seu Eu espiritual, então as leis cósmicas se encarregam de manter o seu ego material. O homem espiritualizado não necessita de correr atrás das coisas materiais, porque estas correm atrás dele.

A melhor confirmação desta complementaridade é a vida do próprio Jesus, que nunca adquiriu nenhum bem material, nunca mendigou nada — e nunca sofreu necessidade de coisa alguma. Andava tão bem-vestido que, ao pé da cruz do Calvário, os soldados romanos repartiram entre si as vestimentas dele, e ainda sobrou a túnica inconsútil, que foi sorteada pelos guardas.

O homem-ego deve "comer o seu pão no suor do seu rosto", mas o homem-Eu que realizou em si o Reino de Deus receberá "de acréscimo" todas as coisas necessárias a uma vida decentemente humana.

É esta a misteriosa matemática do Reino de Deus, dificilmente compreensível para a aritmética dos homens.

"AS PALAVRAS QUE VOS DIGO SÃO ESPÍRITO E VIDA"

Há, nas páginas do Evangelho, sobretudo três grupos de palavras de Jesus que, através dos séculos, estão sendo usados — ou abusados — pelos chefes eclesiásticos para cingir de um halo de autoridade divina as suas instituições hierárquicas. São as palavras seguintes:

1) "Tu és Pedro, e sobre esta pedra edificarei a minha Igreja".

2) "A quem vós perdoardes os pecados são-lhes perdoados".

3) "Isto é meu corpo, isto é meu sangue".

Em todos os três casos temos palavras de sentido puramente espiritual, profundamente metafísico-místico, que de forma alguma visam fins organizatórios, nem pretendem favorecer esta ou aquela classe de homens. Entretanto, todos esses tópicos estão sendo interpretados em benefício de uma determinada classe de homens eclesiásticos, com o fim de levar os fiéis a uma obediência cega e incondicional a seus chefes hierárquicos.

O primeiro desses tópicos é explorado teologicamente com o fim de conferir poderes divinos ao supremo hierarca da igreja romana, cujo primeiro antecessor teria sido o pescador galileu Simão Pedro, embora as fontes históricas sejam contrárias a essa pretensão.

O segundo e terceiro textos têm por fim provar que Jesus conferiu à classe sacerdotal poderes divinos de perdoar ou de reter pecados, e de converter pão e vinho no corpo e sangue dele.

Toda essa teologia eclesiástica peca por um erro fundamental, porquanto supõe que um elemento espiritual, divino, possa ser transmitido por meio de cerimônias, de pessoa a pessoa. No entanto, sabemos que é impossível transmitir de pessoa a pessoa um poder divino. Nenhuma experiência ou iniciação espiritual é susceptível de transmissão, no plano horizontal; só pode ser recebida na vertical, do alto, de Deus, suposto que haja entre os homens um receptor idôneo para a captação dessas realidades divinas. Não existe nenhuma classe social especialmente apta para o recebimento de poderes divinos; nem um estudo teológico de dez ou mais anos torna o candidato apto para ser receptor de poderes divinos; muitas vezes esse escolasticismo intelectual até destrói no estudante a capacidade receptiva.

A verdadeira aptidão receptora depende da disposição individual do receptor, disposição que pode encontrar-se em qualquer ponto do globo, dentro ou fora do Cristianismo ou de qualquer outra religião organizada. Deus não conhece *gente* — Deus só conhece *indivíduos*. Perante Deus não existem sociedades, instituições, grupos, organizações — só existem almas humanas individuais. Melquisedec era pagão, e, no entanto, era "sacerdote do Altíssimo", que abençoou o patriarca Abraão. Saulo de Tarso era rabino judeu, e foi escolhido por Deus para ser o maior apóstolo do Cristo naqueles tempos, com grande estranheza de certos discípulos de Jesus palestinenses. Francisco de Assis era um jovem negociante italiano, e foi eleito por Deus para ser um dos maiores sacerdotes da humanidade de todos os tempos e países, ele, que nunca aceitou o sacerdócio ritual, uma vez que já recebera sacerdócio espiritual muito superior àquele. Mahatma Gandhi, chefe espiritual e político hindu, foi designado por Deus para ser o guia religioso de centenas de milhões de almas e um dos mais lídimos sacerdotes da humanidade de todos os tempos. Albert Schweitzer, ministro evangélico, tornou-se o modelo do místico dinâmico que exerceu o seu heroico sacerdócio universal no meio da porção mais abandonada do gênero humano.

Deus não conhece acepção de pessoas nem de classes; outorga poderes a toda e qualquer pessoa, de qualquer raça, classe ou credo, desde que essa pessoa possua a necessária receptividade para receber os dons divinos.

Supor que Jesus tenha instituído determinada sociedade hierárquica e designado certos homens para, com exclusividade, servirem de veículos de privilégios divinos, é reduzir o maior gênio espiritual da humanidade à condição de um talento medíocre, de um hábil codificador de dispositivos teológicos e jurídicos.

De mais a mais, como poderia ele designar, de antemão, os seus sucessores sem saber se eles seriam capazes de receber e canalizar tão grandes realidades espirituais? O veículo é escolhido individualmente por Deus, e não fabricado pelos homens.

Há mais sacerdotes de Deus fora do sacerdócio ritual do que dentro dele. "O sopro sopra onde quer." Para Deus não existem barreiras nem fronteiras de organizações ou seitas humanas. Dá o seu espírito a quem encontrar preparado para o receber. "Quando o discípulo está pronto, o mestre aparece", diz o provérbio oriental, que bem poderia ser aplicado ao nosso caso. Quando o homem for iniciável, será iniciado por Deus — seja ele Melquisedec, Job ou Gandhi, seja ele Saulo de Tarso, Francisco de Assis, Albert Schweitzer, ou outro homem qualquer, Deus nada sabe das nossas burocracias hierárquicas ou jurídicas.

Queixaram-se, certo dia, uns discípulos de Jesus, ainda não iluminados, porque um homem que não era do grupo deles expulsava demônios em nome do Mestre; este, porém, lhes replicou: "Deixai-o! quem expulsa demônios em meu nome não é meu inimigo!". Esse exorcista era um sacerdote de Deus espiritualmente iniciado, embora não ritualmente ordenado.

* * *

Passaremos a expor, nos seguintes capítulos, o sentido espiritual de certas palavras de Jesus, independente da interpretação que as sociedades eclesiásticas lhes imputaram através dos séculos.

"SOBRE ESTA PEDRA EDIFICAREI A MINHA IGREJA"

Há no Evangelho de Jesus Cristo três passagens-chave, que têm sido origem de violentas controvérsias teológicas e devastadoras guerras de religião. A mais central dessas três passagens — as outras duas falam do "perdão dos pecados" e do mistério do "pão e do vinho" — talvez seja a de que nos ocuparemos no presente capítulo.

Boa parte do Cristianismo, no período da sua cristalização eclesiástica, se apoderou desses textos sacros para provar que só ela é que é a verdadeira e genuína igreja do Cristo. Em todos os três casos, essa sociedade eclesiástica interpreta as palavras de Jesus em sentido intelectual-eclesiástico-teológico, favorável à organização hierárquica, quando essas palavras foram ditas num plano diferente, puramente espiritual.

Sobretudo no caso das conhecidas palavras "Tu és Pedro, e sobre esta pedra edificarei a minha Igreja", é evidente que a tradicional interpretação escolástica-intelectual não atinge o sentido real das palavras do Nazareno, que pertencem a um plano de consciência e experiência racional-espiritual. Entretanto, devido à baixa evolução espiritual da humanidade, essa interpretação teológica passou a ser a mais conhecida, e, por muitos, tida como a única verdadeira. Tem ela a vantagem de se prestar admiravelmente como subestrutura para um edifício hierárquico mundial.

À luz das circunstâncias, e do próprio contexto, é fora de dúvida que a exegese tradicional dessas palavras de Jesus não é uma *interpretação real* do sentido, mas antes uma *injeção mental* da parte do homem, que nelas descobre o que dantemão deseja descobrir. O nosso *entender* vai sempre na direção do nosso *querer*; a nossa inteligência reveste insensivelmente as cores da nossa vontade. É difícil pensar imparcialmente...

* * *

Em Cesareia-de-Filipe, perguntara Jesus a seus discípulos o que é que dele diziam os homens; ao que os discípulos referem diversas opiniões correntes a respeito do Mestre. Depois disto, interpela Jesus os próprios discípulos para saber o que dele pensam eles mesmos. E Simão, o pescador galileu, sempre explosivo e entusiasta, responde: "Tu és o Cristo, o filho do Deus vivo!".

De relance percebe Jesus que tão gloriosa confissão não vinha da parte humana ("carne e sangue") de seu discípulo, cujas deficiências humanas conhecia sobejamente, mas que era a voz do elemento divino no homem ("o Pai que está nos céus"): "Não foi a carne e o sangue que t'o revelou, mas sim meu Pai que está nos céus".

Todas as vezes que Jesus se refere ao elemento divino no homem — ao seu Eu espiritual, eterno, ao Emanuel, ao Deus no homem — ele o chama o "Pai". "As obras que faço, não sou eu que as faço, mas sim meu Pai que em mim está." "A minha doutrina não é minha, mas sim daquele que me enviou." E em virtude da íntima união que havia entre o elemento humano e o elemento divino do Nazareno, entre o seu Jesus e o seu Cristo, pode ele em verdade afirmar: "Eu e o Pai somos um". No mesmo sentido diz Paulo de Tarso: "Já não sou eu (meu elemento humano) que vivo — o Cristo (elemento divino) é que vive em mim".

Neste sentido, diz Jesus a seus discípulos: "O Pai está em vós, e vós estais no Pai".

Toda vez que o homem pensa, fala ou age em virtude de seu ego, ou pseudo-eu humano, físico-mental, pensa, fala e age ele como simples pessoa, como carne e sangue — mas, quando ele se deixa guiar pelo Eu divino, por seu Cristo interno, o homem pensa, fala e age inspirado pelo Pai.

Em Cesareia-de-Filipe, em face da pergunta: "Quem dizeis vós que eu sou?", desperta o elemento divino em Simão Bar-Jona, e, impelido por esse espírito divino, o "Pai dos céus", o discípulo exclama: "Tu és o Cristo, o filho do Deus vivo!".

Jesus, sempre animado por esse mesmo espírito do Pai, reconhece de relance que aqui não falou a pessoa humana e frágil do pescador galileu, "carne e sangue", mas sim o espírito de seu Pai celeste.

Por isto, replica Jesus: "Também eu te digo que tu és Pedro, e sobre esta pedra edificarei a minha igreja". Em aramaico, dialeto hebraico falado por Jesus e seus discípulos, "Pedro" e "pedra" são a mesma palavra, *kepha*. De maneira que, na realidade, Jesus disse: Tu és *kepha* (pedra) e sobre esta *kepha* (pedra) edificarei a minha igreja". Que é que Jesus chama *kepha*, pedra? Evidentemente, o elemento divino e forte em Simão. O divino é firme, como a rocha, o humano é inseguro, como a areia. Neste mesmo sentido, concluindo o Sermão da Montanha, dissera Jesus: "Quem ouve estas minhas palavras e as realiza assemelha-se a um homem sensato que construiu a sua casa sobre rocha — mas quem ouve estas minhas palavras e não as realiza é como um homem insensato que construiu sua casa sobre areia".

Rocha ou *pedra* (kepha) é, pois, o elemento divino no homem; *areia* (ou *carne e sangue*) é o elemento humano. Construir o edifício do cristianismo sobre elemento humano, físico-mental, não oferece solidez e garantia: é incerto e mal seguro como movediço areal — ao passo que construir o seu Cristianismo sobre a rocha viva da intuição espiritual ou revelação de Deus — isto é seguro e indestrutível.

Não era a matéria visível, mas era o espírito invisível que fizera o discípulo conhecer e confessar: "Tu és o Cristo, o filho do Deus vivo!".

E foi por esta mesma razão que Jesus, intuindo a íntima natureza de Simão, lhe dera o cognome simbólico de "Pedro" ou "pedra" (*kepha*), porque nele o elemento divino se manifestava de um modo especial.

Em Cesareia-de-Filipe, esse elemento divino em Simão Pedro — o seu "Pedro", a sua "rocha" — conhece, reconhece e confessa que há em Jesus um elemento divino, o seu "Cristo", o "Messias", o "Ungido", o eterno "Lógos". O *divino* no discípulo percebe e proclama o *divino* no Mestre.

E foi por isto que, após ouvir a voz do elemento divino no discípulo, que confessa, o Mestre exclama entusiasticamente:

"Bem-aventurado és tu, Simão, filho de Jonas (Bar-Jona); porque não foi a carne e o sangue (o humano) que to revelou, mas sim meu Pai (o divino) que está nos céus". E prossegue: "E por isto, também eu te digo que tu és Pedro..." Quer dizer: Porque tu me disseste que em mim há um elemento divino (o Cristo), por isto também eu te digo que em ti há um elemento divino (a pedra, o Eu). "A pedra, porém, é o Cristo", escreve

São Paulo, continuando: "é ele o fundamento da Igreja, e ninguém pode lançar outro fundamento".

Jesus proclama, pois, em Simão o mesmo Cristo que Simão proclamara em Jesus. O Cristo em Simão fala ao Cristo em Jesus. Pode o Cristo em Simão conhecer o Cristo em Jesus, mas a carne e o sangue em Simão não podem conhecer o Cristo em Jesus. Não pode o menor conhecer o maior; o cognoscente só pode conhecer o que é igual a ele, ou inferior; mas não pode conhecer o que é superior. Conhecer perfeitamente é compreender, que significa abranger, abarcar, prender totalmente. Não foi a pessoa humana de Simão que conheceu a divindade de Cristo, mas foi o seu Eu divino, crístico.

E sobre este elemento divino oculto na pessoa humana de Simão Pedro é que Jesus fundou sua Igreja; e é esta a razão por que as "portas do inferno" não prevalecerão contra ela".

Poucos momentos depois desta cena, as portas do inferno prevaleceram contra a pessoa humana de Simão Bar-Jona; pois, quando, saindo dali, Jesus começou a falar da sua próxima paixão e morte, esse mesmo Simão que tão gloriosa confissão fizera é chamado "satã", isto é, adversário, inimigo do Cristo — por quê? porque nele prevaleceu o elemento humano, carne e sangue, que se opôs ao elemento divino. O ego humano de Simão Pedro recua diante da perspectiva do sofrimento — ao passo que o Eu divino aceita voluntariamente a paixão e morte. E o Mestre repreende asperamente o discípulo, dizendo: "Vade retro, satan!", vai no meu encalço, na minha retaguarda, adversário, e não te ponhas na minha vanguarda, tentando impedir o meu sofrimento voluntário! E logo passa Jesus a explicar por que dá ao discípulo o nome de "satã" ou adversário: "Porque o teu modo de pensar é de homem, e não de Deus". Esse "modo de pensar humano" revelara-se em Simão no medo que tinha em face do sofrimento e da morte, e tentou contagiar da mesma fraqueza humana o divino Mestre. Sucumbira ao embate da carne e do sangue, ao seu satã, adversário do Cristo.

Ora, seria absurdo, e até blasfemo, supor que Jesus tivesse edificado a sua Igreja sobre tão movediço areal, sobre esse punhado de carne e sangue, sobre esse satã, sobre a pessoa humana e frágil do pescador da Galiléia. Se assim fora, se tão fraco fosse o alicerce da Igreja do Cristo, já nessa mesma hora teriam as "portas do inferno" prevalecido contra ela.

Entretanto, a frágil natureza humana de Simão Bar-Jona nada tem que ver com o fundamento da Igreja. Por isto, Jesus não desdisse o que dissera. Cedeu a areia — não cedeu a rocha! Jesus não edificou a sua Igreja sobre "o Pedro da confissão", escreve Santo Agostinho, mas sobre "a confissão de Pedro": portanto não sobre um homem, mas sobre o Cristo confessado por Pedro, "edificou a sua Igreja sobre si mesmo", sobre o Cristo, que é a rocha dos séculos.

Até ao quinto século, como revelam os escritos de Santo Agostinho, era esta a interpretação predominante no seio da Igreja; que Jesus havia fundado a sua Igreja sobre a confissão da divindade de Cristo, revelada a Simão Pedro pelo Pai celeste — e não sobre a pessoa humana deste discípulo.[1]

Como se explica, então, uma interpretação, quase geral, tradicional na Igreja romana dos nossos dias, segundo a qual a pedra é o discípulo Simão Pedro?

---

[1] As palavras textuais de Santo Agostinho, em latim, se encontram no Sermão 76, pg. 479 e seguintes, do *V Volume das Obras Completas*, editadas por Migne, Paris, 1877, sob os auspícios dos Padres Beneditinos. Citaremos apenas as seguintes palavras de Agostinho: "Tu es Petrus, et super hanc petram, quam cognovisti dicens: Tu es Christus, Filius Dei vivi aedificabo Eccelesiam meam. Id est: Super meipsum, Filium Dei vivi, aedificabo Ecclesiam meam. Super me aedificabo te, non me super te".

A razão é uma razão de conveniência histórica, e não uma razão de verdade intrínseca. Durante toda a Idade Média, que começa depois dos tempos de Santo Agostinho, acentua-se cada vez mais no seio da Igreja cristã do ocidente a tendência de centralizar o poder espiritual numa só pessoa, praticamente no bispo de Roma, por ser esta a cidade e sede do império romano. E, quando, em fins do século V, o império dos Césares ruiu ao tremendo embate dos povos nórdicos — godos, hunos, vândalos, etc. — a Igreja passou a ser também o império; papa e imperador eram uma só pessoa, e assim continuaram por diversos séculos. Nesse período de progressiva centralização era de vital interesse provar que tanto o poder espiritual da Igreja como também o poder material do império eram de instituição divina e como tal devia ser respeitado. Ora, o melhor modo de provar a origem divina desse duplo poder hierárquico do chefe da Igreja era o apelo para as palavras de Jesus dirigidas ao pescador galileu, em Cesareia-de-Filipe.

Era necessário provar que o bispo de Roma era o sucessor direto e legítimo de Simão Pedro, e, portanto, detentor do mesmo poder divino confiado a este. Ora, a sucessão é de pessoa a pessoa, e não de espírito a espírito. Muitos poderiam ser os herdeiros do espírito divino de Simão Pedro, um só, de cada vez, podia ser o sucessor da sua pessoa humana. Era, pois, necessário provar que o bispo de Roma era o sucessor pessoal de Simão Pedro, porque só assim teria valor para a ideia da centralização do poder. Se prevalecesse a concepção antiga, de Santo Agostinho e seus contemporâneos e predecessores, nada seguiria daí para o poder hierárquico do bispo de Roma. Mas, se se aceitasse que a superestrutura da Igreja cristã tinha como subestrutura a própria pessoa de Simão Pedro, recairia sobre o bispo de Roma todo o poder e toda a glória que Jesus teria conferido a seu discípulo.

E assim foi que, obliterando séculos de intuição espiritual e cristã, a hierarquia eclesiástica suprimiu tudo que fosse contrário à interpretação hoje adotada, proclamando ter a pessoa de Pedro sido nomeada o fundamento da Igreja, sendo, por isto, o bispo de Roma o legítimo detentor do mesmo privilégio da primazia que Jesus conferira a Pedro.

Esta teoria, hoje corrente na Igreja de Roma, falha em três pontos: 1) admite que Jesus fundou sua Igreja sobre a pessoa humana de Simão Pedro, quando isto é claramente desmentido pelo próprio texto do Evangelho, como também por toda a tradição antiga, pelo menos até ao século quinto, 2) que Simão Pedro tenha recebido de Jesus uma primazia de poder e jurisdição sobre os outros apóstolos e os cristãos em geral, o que é totalmente ignorado tanto pelo próprio apóstolo Pedro, como também por seu colega Paulo e a Igreja cristã primitiva, 3) que Pedro tenha sido o fundador da Igreja de Roma e seu primeiro bispo, o que é totalmente incompatível com os fatos históricos, porquanto está provado tanto pelos textos sacros do Novo Testamento como pelos historiadores antigos, a) que Pedro não fundou a Igreja de Roma, b) que não foi bispo de Roma, c) que não residiu na capital do império, d) que, depois do ano 64, início da perseguição da Igreja por parte de Nero, Pedro, como também seu co-apóstolo Paulo, foram visitar os cristãos de Roma em 67, e após breve período de atividades apostólicas foram presos e condenados à morte.

A Igreja de Cristo possui alicerce divino, infinitamente mais poderoso do que o que a teologia eclesiástica admite. Se tão humano fosse o alicerce do reino de Deus, já teria ele sucumbido às potências do Hades, isto é, aos fatores negativos do erro e da morte.

O elemento divino da Igreja, a "rocha dos séculos", não tem sucessor em nenhuma pessoa humana. A rocha da Igreja é o

Cristo, porquanto "ninguém pode lançar outro fundamento a não ser aquele que foi lançado", o Cristo, a "pedra angular" do reino de Deus. Todo homem unido ao Cristo faz parte do alicerce da Igreja.

Essa rocha, porém, não é transmissível por sucessão histórica, no plano horizontal, de pessoa a pessoa — essa rocha, o Cristo, só existe por meio do poder de Deus. Quem aceita o Cristo e confessa com Simão Pedro "Tu és o Cristo, o filho do Deus vivo!" — esse faz parte do alicerce da Igreja do Cristo. Contra ele não prevalecerão as potências destruidoras do mal, porque edificou a sua casa sobre rocha: soprem os vendavais, desabem os aguaceiros, transbordem os rios e deem de rijo contra essa casa — ela não cairá, porque está edificada sobre rocha, "a rocha, porém, é o Cristo", o "rei imortal dos séculos". Cristo, "o mesmo, ontem, hoje e para sempre".

"A QUEM VÓS PERDOARDES OS PECADOS SÃO-LHES PERDOADOS"

Há nas páginas sacras do Evangelho, como já dissemos, certas passagens que, no decorrer dos séculos, foram explicadas segundo as necessidades da época. Essas necessidades não nasceram de dentro desses textos, mas das circunstâncias de tempo e lugar.

As palavras acima citadas pertencem a esse grupo. No tempo em que se formou a hierarquia eclesiástica, entenderam os teólogos que era indispensável conferir aos componentes dessa hierarquia poderes divinos para que tivessem suficiente autoridade perante o povo em geral. O poder de perdoar pecados é um poder divino.

De fato, há homens que possuem o poder de perdoar pecados: Mas o erro está em que a hierarquia eclesiástica pretende monopolizar esse poder para os seus membros, e julga poder transmitir esse poder, de pessoa a pessoa, mediante determinadas cerimônias rituais. Contra esses dois erros, nascidos das circunstâncias, e talvez da ambição, afirmamos: 1) o poder de perdoar pecados não é privilégio exclusivo de determinada classe sacerdotal, 2) esse poder não é conferido por meio de cerimônias rituais, no plano horizontal, mas vem diretamente, na vertical, de Deus e é conferido a toda e qualquer pessoa que seja idônea para o receber.

As palavras esotéricas "A quem vós perdoardes os pecados são-lhes perdoados, e a quem vós os retiverdes são-lhes retidos" foram dirigidas por Jesus, repetidas vezes, a) a uma só pessoa, b) ao grupo seleto dos seus apóstolos, c) a todos os seus verdadeiros discípulos em geral.

Entretanto, é de suma importância não desligar estas palavras das que as precedem: "Recebei o espírito santo".

Convém notar que a palavra "perdoar" é um composto de "dar" ou "doar". "Perdonare" em latim, é composto de "per" e "donare" (doar); da mesma forma em inglês "forgive" é composto de "for" e "give" (dar), ou em alemão "vergeben", composto de "ver" e "geben' (dar). Perdoar quer, pois, dizer "dar plenamente", fazer uma "doação total". A ideia que está no fundo deste vocábulo é esta: quando um pecador recebe uma dádiva ou doação de luz espiritual muito abundante, uma doação plena, ele compreende o seu estado, arrepende-se e se converte a Deus. Está perdoado. Porque é inadmissível que um pecador seja perdoado externamente sem que internamente se converta; mas essa conversão supõe uma nova compreensão, uma luz divina mais intensa. Se ele receber uma "per — doção", isto é, uma doação abundante que lhe dê a suficiente compreensão intuitiva do seu estado, se converterá a Deus — e está perdoado.

Se, por conseguinte, Jesus afirma que um homem pode perdoar os pecados a outro homem e que essa "perdoação" é ratificada por Deus, afirma que um homem pode fazer que outro homem seja a tal ponto iluminado que ele compreenda o seu estado pecaminoso e se converta. Mas, para que um homem possa contribuir para que outro homem seja iluminado deste modo, é indispensável que o primeiro possua luz muito abundante, ou que "receba o espírito santo", isto é, o espírito cósmico de Deus, o espírito da universalidade.[1]

Que é, pois, que Jesus afirma?

Afirma que, se alguém tiver o espírito de Deus, e, em nome desse espírito divino que nele está, fizer a um seu semelhante completa doação da luz divina que nele mesmo está, também o próprio Deus fará essa mesma doação, que tem por inevitável consequência a conversão do pecador. Tudo quanto um homem possuidor do espírito de Deus faz e declara, é Deus mesmo que o faz e declara, porque esse homem e o Pai são um só. Neste mesmo sentido dizia Jesus: "As obras que eu faço não sou eu que as faço — é o Pai que em mim está que as faz". Ou: "A minha doutrina não é minha, mas daquele que me enviou". A seus discípulos disse ele: "O Pai está em vós, assim como o Pai está em mim". Se, pois, um homem, repleto do espírito de Deus que nele habita, perdoar pecados, não é ele, o seu ego físico-mental, humano, que os perdoa, porquanto já não é ele que vive, mas o Cristo que vive nele. Quem, neste caso, perdoa é o Eu divino no homem, sua alma, seu espírito santo, seu Emanuel; porque esse homem já não age em seu nome pessoal, individual, mas age sempre em nome de Deus, do Deus imanente nele.

---

[1] Conforme explicamos em *Metafísica do Cristianismo*, e alhures, a palavra "santo" é, em todas as línguas, um sinônimo de "total" ou "universal". Cf. "whole" (total) e "holy" (santo); ou "heil" (todo, inteiro) e "heilig" (santo). Mesmo em português, as palavras "são" e "santo" nasceram do mesmo radical, significando totalidade, inteireza, universalidade. O "espírito santo", é, pois, o espírito da universalidade, o espírito cósmico, o espírito divino.

Enquanto o Lúcifer (intelecto) do homem liga a consciência de alguém, não está ela ligada; mas se o Lógos (razão, Cristo) do homem desligar a consciência de alguém, ela está realmente desligada, porque esse Lógos no homem é o mesmo Lógos em Jesus e o mesmo Lógos que no princípio estava com Deus e que é Deus. Já não é o homem que desliga, é o Cristo, vivo nele, que desliga.

* * *

Pensar e ensinar que essa iniciação cósmica do homem seja resultado dum determinado ritual litúrgico, ou que possa ser transmitida de pessoa a pessoa, ou transferida, é ignorar um dos dispositivos fundamentais da Constituição Cósmica do Universo. Se uma realidade espiritual fosse transferível de pessoa a pessoa, no plano individual, horizontal, deixaria o cosmos de ser o que é, um sistema de ordem e harmonia, e acabaria num horripilante caos de confusão e desordem; haveria uma espécie de ilegalidade ou contrabando no reino de Deus. Em hipótese alguma pode alguém receber ou herdar a experiência espiritual de outra pessoa, porque essa experiência é estritamente individual e deve ser adquirida individualmente pelo iniciando, embora outro, já iniciado, o possa ajudar externamente, removendo certos obstáculos e aplainando os caminhos para a experiência espiritual.

No caso que alguém me abrisse as portas do céu (se tal coisa fosse possível) sem que eu mesmo estivesse maduro para esse acontecimento máximo, eu, de fato, não estaria no céu, mas no inferno; porque, devido à minha imaturidade espiritual, me sentiria de tal modo desambientado no meio daquela companhia celeste de seres altamente espiritualizados que suspiraria pelo momento redentor de sair desse "céu infernal", a fim de encontrar um ambiente mais congenial, em algum "inferno celestial".

Só quem passou pela grande experiência divina e teve o seu encontro pessoal com Deus é que está em condições de entrar no céu e ficar nele — aliás, ele já está no céu, no reino de Deus, graças a essa mesma experiência, uma vez que o céu está nele.

O poder de ligar e desligar, de perdoar ou reter pecados não é transmitido nem transmissível no plano horizontal humano, mas advém ao homem idôneo pela vertical divina. Os nossos mestres, guias e educadores espirituais podem preparar esse nosso encontro com Deus, podem levar-nos até ao limiar do santuário, mas não nos podem introduzir nele.

Virgílio despede-se de Dante na fronteira entre o Purgatório e o Paraíso, e daí por diante é Beatriz que guia o poeta-filósofo. Virgílio é o homem físico-mental, profano, a consciência telúrica, experiente nas coisas da vida terrestre (inferno e purgatório), mas inexperiente nas coisas celestes. Virgílio é a inteligência "virgem", não fecundada pelo Espírito, pelo divino Lógos, pelo Cristo. Beatriz, a "beatificadora", é a Razão espiritual, o espírito divino, capaz de introduzir o homem nos divinos mistérios do paraíso.

Certos "Virgílios" humanos se arrogam o direito e privilégio de iniciar os viajores telúricos no reino de Deus, mediante determinados ritos externos, usurpando assim a prerrogativa que cabe a Beatriz.

Quem recebe o espírito cósmico (ou santo) é conduzido por Beatriz, pela razão, pelo Cristo, pelo Lógos universal, por Deus mesmo. O que ele liga ou desliga está ligado ou desligado por Deus; o que ele perdoa ou não perdoa está perdoado ou não perdoado por aquele que é a vida desse iniciado.

"Recebei o espírito santo! a quem vós perdoardes os pecados são lhes perdoados; e a quem vós os retiverdes são-lhes retidos".

* * *

Analisamos a palavra portuguesa "perdoar". Mas convém não esquecer que nem o texto grego do primeiro século, nem mesmo o texto latino dos séculos subsequentes falam em "perdoar". O grego usa o vocábulo *aphíemi*, que quer dizer desligar, soltar, libertar. O latim usa a palavra *demittere*, que significa demitir, que é um sinônimo de soltar, libertar.

Quer dizer, o perdão é considerado como uma libertação ou um desligamento entre o ofendido e o ofensor. Quando alguém não se dá por ofendido pelas ofensas do ofensor, então ele se desliga, ele se põe numa outra dimensão de consciência: há um *ofensor*, mas não há um *ofendido*. O ofensor se acha no plano do ego ofendido; e o ofendido se acha no mesmo plano. Mas, se o suposto ofendido se tornar inofendível, então abandona ele o plano do ego e passa para a dimensão superior do eu divino, que é inofendível. O ego é comparável com a água, que é "ofendível", isto é, contaminável pelo ambiente. O eu é como a luz, que é "inofendível", íncontaminável pelo ambiente. "Vós sois a luz do mundo."

De maneira que, à luz do texto, o homem espiritual não perdoa propriamente as ofensas, mas ignora-as; desligou-se do plano do ego ofendível e subiu às alturas do Eu inofendível.

O ego vicioso, quando ofendido, se vinga.

O ego virtuoso, quando ofendido, perdoa.

O Eu crístico se desliga da ideia de ser ofendido; está para além de vingança e perdoação. "Sede perfeitos assim como é perfeito vosso Pai que faz nascer seu sol sobre bons e maus e faz chover sobre justos e injustos."

"ISTO É O MEU CORPO — ISTO É O MEU SANGUE"

Quanto mais intensamente cósmica é uma verdade do Evangelho tanto mais a inteligência humana, ainda totalmente telúrica, se desorienta em face dessa revelação.

É o que acontece, sobretudo, com aquilo que uns chamam a Eucaristia, e outros, a Ceia do Senhor. Esse tópico cindiu a cristandade em campos adversos e, aparentemente, irreconciliáveis. A desarmonia creada no seio da cristandade por estas palavras de Jesus só é comparável à que nasceu das palavras "Tu és Pedro...".

E essa discórdia é perfeitamente compreensível, uma vez que a nossa teologia é ainda visceralmente escolástica, intelectualista, telúrica — e neste plano não há nenhuma possibilidade de compreensão real, única suficiente e capaz de unificar as dissidências.

Acresce a agravante de que o ritualismo sacramental que uma grande parte da Igreja cristã estruturou sobre o texto eucarístico é a base principal que, há séculos, garante a subsistência material, e, não raro, até a prosperidade financeira do clero. Se a interpretação desse tópico estivesse inteiramente divorciada do prestígio social e político e da prosperidade econômica do clero, seria relativamente fácil compreendermos o verdadeiro sentido dessas palavras e teríamos uma porta aberta para um congraçamento universal no seio das Igrejas cristãs. Por ora, porém, estamos bem longe dessa solução feliz, porque a imensa maioria da humanidade cristã se acha ainda no estágio meramente intelectual-teológico. Mais fácil seria essa solução no setor do mundo leigo que no setor hierárquico da Igreja, porque para o sacerdócio a religião representa uma profissão material, ao passo que para os fiéis em geral é um ideal espiritual.

* * *

Em vésperas de sua morte proferiu Jesus a mais profunda e misteriosa de todas as suas parábolas, não só em palavras, mas em palavras e fatos. Expressou, num drama de inigualável verdade e beleza, aquilo que com o seu corpo e sangue ia acontecer no dia imediato e o que com sua alma e divindade ia perpetuar-se através dos séculos e milênios.

Para compreender o mistério do pão e do vinho, seria necessário compreender primeiro o próprio Cristo.

Que é o Cristo?

Diz o quarto Evangelho que ele é o próprio espírito universal de Deus que se individualizou no Cristo cósmico e, mais tarde, se personalizou em Jesus, no qual "o Verbo se fez carne". Nesta forma individualizada é que o espírito universal de Deus é chamado o Cristo, isto é, o Ungido, aquele que foi totalmente penetrado do espírito divino.

O texto grego do primeiro século usa a palavra profunda e sublime da filosofia antiga "Lógos" (isto é, Razão, ou Espírito) para designar o espírito divino encarnado em Jesus. A tradução latina da Vulgata diz "Verbum", isto é, Palavra ou Verbo, como a mais concreta manifestação da Razão ou do Espírito.

Entretanto, esse mesmo Cristo, individualizado em Jesus, depois de terminado o seu ciclo terrestre, se ia universalizar no Espírito Santo.

Deus, em si mesmo, é "in-nato" (não nato, não individualizado).

Jesus Cristo é "intra-nato" (nascido para dentro do mundo individual).

O Espírito Santo é extra-nato (nascido para fora, universalizado através de toda a natureza do cósmico)[1]

Em última análise, Deus, Jesus Cristo e o Espírito Santo são uma e a mesma realidade. Apenas as suas funções são diferentes.

Como pessoa física não podia Jesus estar com seus discípulos todos os dias até à consumação dos séculos — como o Cristo universalizado ele o podia.

Por isto, ele se *despersonalizou* pela morte (assim como se havia *personalizado* pela encarnação).

Essa universalização do Cristo e consequente onipresença no tempo e espaço teria sido impossível se ele permanecesse aquele Jesus personal e de presença unilocal; porquanto a ubiquidade supõe a universalidade. Se ele não se despersonalizasse e universalizasse, poderia estar num só lugar e nunca poderia realizar o que exprimiu com as palavras: "Onde quer que dois ou três estiverem reunidos em meu nome, lá estou

---

[1] A língua alemã presta-se admiravelmente para clarificar esta verdade:
Gott ist *un-geboren.*
Christus ist *ein-geboren.*
Der Heilige Geist ist *aus-geboren.*

eu no meio deles", ou então: "ide pelo mundo inteiro — e eu estou convosco todos os dias até à consumação dos séculos". Isto implica universalidade, onipresença.

Quando os discípulos estavam tristes com a próxima retirada do Mestre, disse-lhes ele: "Convém a vós que eu me vá, porque, se não for, não virá a vós o Espírito Santo; porque ele tomará do que é meu e vo-lo anunciará".

O Jesus da Palestina tornou-se o Cristo do universo.

O Jesus visível do primeiro século tornou-se o Cristo invisível de todos os séculos.

* * *

Ora, em véspera desse novo modo de ser, e para simbolizar essa sua despersonalização pela morte e universalização pela ressurreição, recorre Jesus a um símile tão profundo que até hoje os homens eruditos não o compreenderam e forjam interpretações segundo a imagem e semelhança do seu estado mental.

Que acontece quando ingerimos algum alimento, sólido como o pão, líquido como o vinho? O nosso organismo absorve ou assimila, não o alimento em sua constituição material; mas desintegra a matéria dos alimentos e dela extrai as "calorias" ou energias vitais. Essas calorias ou energias não são a matéria do alimento, mas a força imponderável neles contida; não o corpo, mas a alma da comida.

Para que o nosso organismo vivo possa vitalizar esses alimentos, é necessário que primeiro os destrua e desintegre — digamos, "mate" — o alimento, reduzindo-o a seus últimos componentes porque só nesse estado de total desintegração, ou "morte", é que o alimento pode ser reintegrado e revivificado pelo organismo e fazer parte integrante dele. Essa integração do alimento mineral, vegetal ou animal no organismo humano é uma espécie de "ressurreição" ou ressurgimento. O alimento "morreu" para o seu antigo estado mineral, vegetal ou animal — e "ressuscita" para um novo estado no organismo do homem. Por mais estranho que pareça, as calorias dos alimentos assimilados passam a fazer parte real do nosso Eu. De fato, no estado atual da nossa existência, não podemos pensar e querer sem o auxílio das calorias extraídas do alimento material. Nenhum alimento pode ressuscitar para essa vida superior sem que primeiro morra; para se universalizar em nosso corpo deve primeiro desindividualizar-se.

A integração supõe a desintegração.

Ora, Jesus, que possuía profunda intuição dos segredos da natureza, serviu-se deste fenômeno material para simbolizar uma realidade espiritual: ele, Jesus de Nazaré, não podia entrar na alma de seus discípulos sem que primeiro se desintegrasse pela morte voluntária a fim de se integrar em nós como o Cristo onipresente. Por isto, tomou ele nas mãos o pão e disse a seus discípulos que aquilo era como seu corpo, porque, ingerido por eles, faria parte deles; de modo análogo, o seu corpo, entregue à morte, se espiritualizaria de tal modo que partilharia da onipresença do espírito; o Jesus humano passaria a universalizar-se como o Cristo divino. O mesmo aconteceria com o vinho, símbolo de seu sangue, que, uma vez derramado pela morte, passaria a se universalizar para que os seus discípulos o pudessem assimilar espiritualmente.

"A carne de nada vale — o espírito é que dá vida; e as palavras que vos tenho dito são espírito e são vida."

A Eucaristia, ou Ceia do Senhor, é, pois, a mais profunda e significativa parábola mística da morte e ressurreição de Jesus Cristo e é neste sentido que ele incumbe os seus discípulos de perpetuarem esse memorial, "até que ele venha", como diz

São Paulo. Até que ele venha espiritualmente, porque materialmente já veio. Depois da vinda espiritual do Cristo cessa o simbolismo material, porquanto o símbolo físico encontrará o seu cumprimento no simbolizado metafísico.

A Eucaristia é para os viajores infantis, não para os adultos. Para estes, o Cristo já veio definitivamente; eles fizeram a comunhão crística.

* * *

Este sentido metafísico-místico da Eucaristia pode ser aplicado também no sentido ético, resultando na seguinte verdade profunda:

Enquanto o homem não se "desintegrar" ou "despersonalizar", isto é, enquanto não deixar de ser egoísta e egocêntrico, não pode beneficiar a seus semelhantes, porque não é bom, e só pode fazer bem aquele que é bom. Só quando "morrer" para o seu Ego personal, físico-mental — sua cobiça, luxúria e orgulho — é que ressuscitará para o seu verdadeiro e divino Eu espiritual, que é essencialmente altruísmo, amor, benevolência universal.

O divino Mestre exprime esta grande verdade nos seguintes termos: "Se o grão de trigo não morrer ficará estéril; mas, se morrer, produzirá fruto abundante".

O apóstolo Paulo afirma de si mesmo: "Estou crucificado para o mundo, e o mundo está crucificado para mim... Morro todos os dias, e é por isto mesmo que vivo, mas já não sou eu que vivo — é o Cristo que vive em mim".

Quem não se *desintegrar* não pode *integrar-se*.

Se a Eucaristia fosse compreendida e vivida deste modo, seria ela uma verdadeira "sagrada comunhão", uma união diária e permanente com Deus — em vez de ser apenas um rito sacramental para uns e uma fonte de renda para outros.

Talvez nenhuma outra palavra e parábola de Jesus tenha sido tão mal compreendida e tão sacrilegamente profanada como este mistério máximo do seu Evangelho, eterno memorial da sua morte e ressurreição.

Quando farão os cristãos a sua sagrada comunhão com o Cristo — em espírito e em verdade?...

* * *

Se aceitarmos a doutrina tradicional de certa Igreja sobre as ocorrências na última ceia; se aceitarmos ter Jesus celebrado a primeira missa, ordenado sacerdotes os 12 apóstolos e ter dado a primeira comunhão a eles, seremos obrigados a aceitar os maiores absurdos e as mais revoltantes blasfêmias.

Logo após a suposta primeira missa, um dos neosacerdotes e neocomungantes consumou o plano da traição, e logo depois se suicidou; outro neosacerdote e neocomungante negou três vezes o divino Mestre, mentindo e jurando que não o conhecia e rogando pragas sobre si mesmo, se é que era discípulo dele; os outros neosacerdotes e neocomungantes fugiram covardemente, deixando Jesus entregue a seus inimigos.

Se é pelos frutos que se conhece a árvore, então não é possível aceitarmos como autêntica uma árvore que tais frutos produziu. Logo, não é possível aceitar a suposição teológica de ter Jesus celebrado a primeira missa, ordenado os primeiros sacerdotes e ter dado a primeira comunhão a seus apóstolos, na santa ceia.

Tudo isto não passava de uma maravilhosa parábola, cujo significado espiritual se cumpriu na manhã do Pentecostes, quando 120 pessoas, homens e mulheres, comungaram realmente, não a carne e o sangue do Jesus humano, mas o espírito do Cristo divino, em espírito e em verdade, iniciando o verdadeiro cristianismo sobre a face da terra.

"QUEM NÃO É POR MIM É CONTRA MIM"

Na *Divina Comédia* de Dante ocorre uma cena não menos estranha que mística. O poeta e seu mentor, Virgílio, chegam às portas do Inferno. Diante da lúgubre entrada dos ínferos encontram enorme multidão de seres amorfos e anônimos, espécie de vultos nebulosos e moluscoides, de contornos indefinidos. Pergunta Dante:

— Quem são esses?

Responde Virgílio:

— "Estas são as almas que viveram sem censura nem louvor; não as acolheu o céu, para que não lhe empanassem o brilho; nem as enguliu o inferno, porque não eram dignas dele... Olha — e passa adiante!".

É esta a imensa multidão dos homens moralmente indefinidos, nem frios nem quentes, porém mornos, que vivem ou vegetam sem censura nem louvor, entre o céu e o inferno, nas lúgubres penumbras da sua melancólica neutralidade.

"Porque tu não és nem frio nem quente, mas morno", diz o espírito, no Apocalipse, "vomitar-te-ei da minha boca!".

A humanidade está repleta dessas almas amorfas, anônimas, penumbrais, indecisas entre o bem e o mal.

Quando Pilatos estava sentado no tribunal, naquela memorável manhã da primeira sexta-feira santa, envolvido no ruidoso processo contra Jesus, ainda indeciso — de súbito aparece um mensageiro enviado pela esposa do governador romano, Cláudia Prócula, entrega-lhe um recado, que dizia: "Nada tenhas que ver com esse homem justo, porque esta noite, em sonhos, sofri muito por causa dele".

Seguiu-se um momento de silêncio e suspensão. Depois, Pilatos mandou vir água, lavou as mãos diante do povo e declarou em público: "Eu sou inocente do sangue desse justo! vós lá vos avinde!". E proferiu a sentença de morte contra Jesus: "Seja crucificado!". Assim acabou a pretensa neutralidade de Pôncio Pilatos e Cláudia Prócula, esse casal de almas amorfas e indecisas...

"Quem não é por mim é contra mim"...

Em teoria, pode haver neutralidade; mas na prática é impossível: ninguém pode pairar indeciso e incolor entre o bem e o mal; se não favorece o bem favorece o mal, mesmo que se diga neutro. A neutralidade é profundamente má, e tanto maior é o mal que ela causa quanto menos parece ser má, e dificilmente se converte para o bem. Quem é frio, isto é, conscientemente mau, pode tornar-se quente, conscientemente bom; mas quem é morno, neutro, dificilmente se convence de que é mau, uma vez que ninguém lhe pode provar um mal determinado que tenha cometido. O mal que os neutros praticam é, sobretudo, a omissão do bem que deviam praticar — mas quem pode fazer da omissão um argumento e uma prova palpável contra o omissor? Como vivem sem censura nem louvor, esses seres furta-cores são praticamente inacessíveis a qualquer demonstração contrária à sua atitude nebulosa e penumbrista.

A mulher de Pilatos teve, naquela noite, uma visão estranha, que a fez sofrer muito e lhe deu a certeza de que o Nazareno era inocente. Mas, em vez de tomar atitude positiva a favor de Jesus e mandar dizer categoricamente ao marido: "Absolve de vez esse homem, porque ele é inocente!", ela pede covardemente que abra mão do processo, indeciso, e entregue o Nazareno aos caprichos da sinagoga hostil; convida o esposo à neutralidade. E Pilatos, externamente, atende ao pedido da esposa, lavando as mãos perante o povo e declarando-se não responsável pelas consequências da sua pretensa neutralidade.

E assim acabou nas sangrentas alturas do Calvário essa farsa duma neutralidade impossível entre o bem e o mal — acabou com a vitória do mal sobre o bem...

"Quem não é por mim é contra mim."

* * *

Certo dia foi Jesus convidado ao jantar por um rabino judeu, de nome Simão. Esse homem era ao mesmo tempo pró e contra Jesus, isto é, neutro. Convidou Jesus ao jantar, porque, como colega daquele outro rabi que chegara à cidade, mandava o bom-tom que o convidasse; mas intimamente era contra Jesus, porque sua doutrina não harmonizava com a teologia da sinagoga. E, nessa estranha dualidade de sentimentos, o fariseu não demonstrou ao Nazareno nenhuma das costumadas cortesias que a hospitalidade reclamava, nem sequer lhe ofereceu uma bacia com água e uma toalha para lavar e enxugar os pés empoeira-dos, depois de tirar as sandálias, que, segundo a praxe, ficavam fora da casa. O fariseu não quis ser nem bom nem mau para com seu hóspede; tentou guardar neutralidade, equilibrar-se entre o céu e o inferno, na dúbia penumbra daqueles que "vivem sem censura nem louvor".

Aparece então uma mulher que acabava de sair do inferno, recém-liberta de "sete demônios", e arromba decididamente as portas do céu, caindo aos pés do seu redentor como uma tempestade de fogo e amor. Essa não era neutra. Não quer saber se é bem-vinda nessa casa ou indesejável; o que ela quer é dar expressão pública à sua grande gratidão e a seu grande amor para com o Mestre que a salvara do inferno. E, nesse ímpeto de entusiasmo, supre a tempestade de fogo tudo o que o morno rabino havia deixado de fazer: lava os pés do Mestre, não com a frieza impessoal da água, mas com o fluido quente e pessoal das suas próprias lágrimas; enxuga os pés do Mestre, não com alguma toalha fria e impessoal, mas com a sedosa maciez e eminentemente pessoal da sua linda cabeleira. Depois de limpos e enxutos, beija esses pés queridos do bom pastor e unge-os com perfumosa essência, cujo odor encheu a casa toda.

Todos estão escandalizados: o fariseu, os discípulos e o futuro traidor, Judas. O fariseu, lá na sua torre de marfim de impecável legalidade, não compreende como um homem decente possa permitir e aceitar a apaixonada homenagem de uma mulher impura, oferecer-lhe os pés para beijos de amor em vez de lhe dar um pontapé de desprezo. Os discípulos acham que aquilo é desperdício. Iscariotes arvora-se logo em advogado da pobreza e calcula de relance que aquele frasco de perfume precioso valia pelo menos trezentos denários, que se poderiam ter distribuído entre os pobres; acrescenta, porém, o evangelista, como que entre parênteses, não era porque lhe interessassem os pobres, mas porque Judas era ladrão e, portador da bolsa da turma, surripiava o que entrava.

O único que aprova integralmente a atitude da Madalena é Jesus.

Na casa do fariseu Simão estava condensada a humanidade de todos os tempos e países: o céu de Jesus e Madalena, o inferno de Judas, e aquela zona anônima dos semi-bons e semi-maus representada pelo fariseu e pelos onze discípulos de Jesus — os que não eram dignos do céu nem do inferno...

* * *

Em certa ocasião, um jovem declarou a Jesus que estava disposto a segui-lo aonde quer que fosse. Jesus, porém, o repeliu com as palavras: "As raposas têm cavernas e as aves do céu têm ninhos — mas o Filho do homem não tem onde reclinar a cabeça". E o candidato, aparentemente positivo, mas realmente neutro, desapareceu, porque não se sentia assaz decidido a ser mais pobre que as raposas e as aves...

Outro quis seguir o Nazareno, mas pediu permissão para primeiro voltar à casa e celebrar uma festa de despedida — ao que o Mestre lhe declarou categoricamente: "Quem lança mão ao arado, e olha para trás, não é idôneo para o reino de Deus". E também este candidato indeciso desapareceu do cenário. A sua atitude não era resolutamente a favor do bem, e por isto não era esse homem idôneo para o reino de Deus.

"Quem não é por mim é contra mim — quem não recolhe comigo, dispersa"...

"ENQUANTO ORAVA, TRANSFIGUROU-SE DIANTE DELES"

Três discípulos seletos — Pedro, Tiago e João, o "círculo esotérico" do colégio apostólico — presenciaram o misterioso fenômeno da transfiguração de Jesus. Os outros nove ficaram ao pé do monte, como, mais tarde, ficaram fora do horto de Getsêmani para não assistirem à agonia do mestre. Só quem viu tamanha glória pode suportar tamanha inglória...

Era ao pôr do sol quando os quatro atingiram o cume do Tabor, que quer dizer "altar". Distanciou-se dos discípulos o Mestre e entrou numa intensa comunhão com Deus. Enquanto orava, diz o evangelista, mudou-se a expressão do seu semblante. O seu rosto era brilhante como o sol, e as suas vestiduras eram brancas como a neve, resplandecendo com tanta alvura como nenhum lavandeiro da terra as poderia branquear. Ergueu-se aos ares, e apareceram ao lado dele Moisés e Elias, falando com ele sobre a morte que ia padecer em Jerusalém. E uma voz soou dizendo: "Este é meu filho muito querido, no qual pus a minha complacência! ouvi-o!".

As trevas da noite envolvendo a terra — as glórias do céu iluminando os espaços...

Moisés, o grande legislador; Elias, o exímio profeta — todo o Antigo Testamento homenageando o iniciador da Nova Aliança... A inteligência e o coração, sintonizados com a suprema Razão, o divino Lógos, o Cristo de ontem, de hoje e de sempre...

E no meio dessas glórias fala-se em sofrimento e morte...

E, lá embaixo, os três discípulos, ainda presos no mundo dos sentidos, caem como que fulminados pelos esplendores do Cristo, que por uns momentos permitiu que a luz da divindade rompesse pelo invólucro opaco da sua humanidade.

— "Senhor!" — exclama Simão Pedro — "que bom que é estarmos aqui!... Se quiseres, vamos armar aqui três tendas, uma para ti, uma para Moisés e uma para Elias...".

Três tendas para os três que não necessitavam de tendas — e esqueceu-se dos três que ainda tinham mister habitar em tendas terrestres...

Mas não sabia o que dizia, de tão transido de terror e de gozo... Só sabia que felicidade reclama eternidade, profunda, profundíssima eternidade. Felicidade que não seja eterna não é felicidade, é tormento. A perspectiva do fim do gozo deita gotas de absinto na beatitude...

* * *

Orar, como já dissemos, quer dizer literalmente "abrir a boca", abrir a consciência rumo ao Infinito.

Por via de regra, a luz do mundo, que é o Cristo, estava encoberta pelos invólucros opacos da natureza humana de Jesus. Nessa personalidade habitava toda a plenitude da Divindade; mas o Cristo-lógos, ao encarnar na pessoa humana de Jesus, se havia esvaziado dos esplendores da Divindade, e, por fora, parecia simples homem. Por dentro desta humanidade, porém, continuava a existir a luz da Divindade.

Só de vez em quando permitia Jesus que o seu Cristo-luz transparecesse através do seu Jesus-matéria. E isto acontecia quando a sua consciência crística atingia a mais alta voltagem de intensidade, como aconteceu no monte Tabor, quando ele estava em profunda e prolongada sintonização com a Divindade. Então a matéria do seu corpo humano se desmaterializou e lucificou a tal ponto que a materialidade do seu corpo não era mais perceptível, e todo ele era uma deslumbrante figura de luz. Os evangelistas não encontram termos para descrever essa luminosidade de Jesus; dizem que era tão luminoso como o sol meridiano em pleno fulgor; dizem que as suas vestimentas eram tão alvas como nenhum lavandeiro poderia alvejar uma roupa.

Moisés escreveu que no primeiro período da creação Deus fez a luz, e da luz vieram todas as coisas materiais. Cerca de 3.500 anos depois desta intuição de Moisés, escreveu Einstein que a matéria-prima do Universo, os 92 elementos da química, são luz.

Mas além da luz física existe a luz metafísica, que a ciência ignora, mas que a sapiência conhece por intuição.

A luz metafísica é a consciência do Eu divino no homem. Quando o homem atinge o zênite da consciência "Eu e o Pai somos um", então a própria matéria do seu corpo começa a lucificar-se aos poucos. Por vezes, essa luz metafísica se manifesta fisicamente em forma duma aura, ou auréola, ao redor da cabeça. Outras vezes, essa luz envolve todo o corpo do homem. Por vezes, essa luz neutraliza a gravidade natural do corpo, fazendo o homem flutuar livremente no espaço. Estes fenômenos ocorreram no monte Tabor durante a transfiguração do corpo de Jesus. E os três discípulos Pedro, Tiago e João presenciaram este fenômeno e foram por ele a tal ponto penetrados que perderam a sua consciência humana normal, e Pedro exclamou: "Que bom que é estarmos aqui... vamos armar aqui três tendas... uma para ti, outra para Moisés e outra para Elias.

No Tabor, a irradiação luminosa de Jesus alargou os seus círculos a ponto de envolver os discípulos que estavam a certa distância. E o envolvimento e a penetração da luz metafísica de Jesus deu aos três uma espécie de cosmovisão, de maneira que eles viram também os corpos imateriais de Moisés e Elias, esses dois dos quais afirmam os livros sacros que não haviam morrido, mas tinham transformado o seu corpo material num corpo imaterial.

E, estranhamente, os três transfigurados falavam da próxima desmaterialização ou morte do corpo de Jesus.

Jesus, porém, ao descer do Tabor proibiu os seus discípulos de falarem do ocorrido, até que tivessem presenciado a rematerialização do corpo de Jesus. O homem profano não pode compreender semelhante fenômeno, que a luz metafísica do espírito tenha poder sobre a física da matéria.

Toda vez que o homem "ora" de fato, abrindo a sua consciência rumo ao Infinito, aumenta ele a sua lucificação potencial. Orar é a mais importante realidade da religião.

Muitos falam de Deus.

Alguns falam com Deus.

Poucos sabem calar-se diante de Deus para que Deus lhes possa falar — poucos sabem orar.

"NEM EM ISRAEL ENCONTREI TÃO GRANDE FÉ"

A palavrinha "fé" (*fides*, *pistis*) tem, hoje em dia, dois sentidos totalmente diferentes e divide a humanidade espiritual em dois campos. O que, comumente, se chama fé em nossos tratados teológicos e livros devocionais é a aceitação de uma doutrina ou realidade espiritual em virtude do testemunho de uma pessoa considerada competente e fidedigna. O crente crê numa determinada doutrina ou realidade, embora não tenha dela a menor experiência pessoal, direta; encampa cegamente a experiência alheia. O crente continua a ser um "profano" ou "exotérico", aceitando, porém, a experiência de um "iniciado" ou "esotérico".

Para que essa espécie de fé seja razoável, supõe-se tacitamente que, pelo menos, uma pessoa tenha tido experiência direta e imediata da realidade espiritual. Se não existisse no princípio dessa longa cadeia de crentes pelo menos um iniciado ou experiente, não teria valor toda essa subsequente série de elos de crença dos inexperientes.

A fé, tomada neste sentido, como se vê, está baseada num ato de boa vontade: o crente ignora pessoalmente a existência de um mundo invisível; contudo, benevolente como é, admite a realidade deste, porque fulano ou sicrano lhe afirmam a existência desse mundo; e o crente admite que esses seus mestres não se tenham enganado nem o queiram enganar.

É esta a fé que, geralmente, se descreve nos livros religiosos. Cremos em Deus e na vida eterna, porque os profetas da lei antiga, os grandes gênios religiosos da humanidade e, sobretudo, Jesus o Cristo afirmam que Deus existe e há uma vida eterna.

Entretanto, essa "fé em segunda mão" pouco ou nada tem que ver com o que Jesus proclama como fé. O caso do centurião romano de Cafarnaum ilustra tipicamente o que o Nazareno entendia por fé. Afirma ele que nem mesmo em Israel, entre o povo e os sacerdotes oficialmente religiosos, encontrou tão grande fé como no coração desse oficial gentio.

Será que o centurião cria em algum determinado dogma ou doutrina teológica? será que admitia a realidade do mundo invisível pelo fato de outros lhe terem contado da existência desse mundo?

Não, nada disto acontecia com o centurião. Não tinha fé neste sentido derivado. O que ele tinha era experiência direta e imediata do mundo das forças invisíveis, como claramente revelam as suas palavras e como dá a entender a entusiástica exclamação de Jesus. Como o próprio Cristo possuía em altíssimo grau essa experiência direta de Deus, essa *fides*, ou fidelidade, deve ele ter encontrado uma espécie de afinidade espiritual entre si e o oficial romano. Acha desnecessário que Jesus vá à casa dele, onde jazia de cama seu servo doente; sabe por experiência íntima que o poder de Jesus não está limitado à esfera da sua presença física, visível; sabe que o Cristo, o eterno Lógos, o Verbo que encarnou em Jesus, é onipresente, presente também lá onde jaz seu servo doente, porque a presença e atuação do Cristo não depende de tempo e espaço; é universal, uma vez que é o próprio espírito, de Deus, é a vida que tudo permeia, a luz que ilumina todo homem. Basta, portanto, que o Jesus humano, de presença local e restrita, apele para o seu Cristo divino, de presença universal e irrestrita, imanente em tudo, apesar de transcendente a tudo.

Por isto, diz o centurião, não é necessário que tu, o Jesus visível e físico, vás à minha casa para curar o meu servo; cura-o daqui mesmo onde estás, apela para o Verbo que em ti está, porque o teu divino Cristo, onipresente, está presente lá onde meu servo jaz em tormentos.

As traduções comuns deste episódio fazem o centurião romano dizer: "Dize tão somente uma palavra, e meu servo será curado". Mas, tanto no texto grego do primeiro século como também na tradução latina está: "Dize ao Verbo" (*Logô*, *Verbo*, e não *Logon*, *Verbum*); a palavra Verbo está no dativo, e não no acusativo, supondo que seja um ser consciente, e não uma palavra inconsciente. Como se poderia falar à palavra, ao Verbo, se se tratasse duma coisa inconsciente, de uma simples vibração aérea?

E que motivo teria a grande admiração de Jesus, se o centurião romano se referisse apenas a essa espécie de magia ritual, a cura de seu servo mediante uma telepatia verbal?

Para ilustrar essa sua fé experiencial, recorre o oficial romano a uma comparação não menos misteriosa que genial; diz que sua autoridade de superior militar faz que seus subordinados executem imediatamente qualquer ordem recebida — do mesmo modo, quer ele dizer, a moléstia de meu servo obedecerá infalivelmente a uma ordem do Cristo, uma vez que todas as forças da natureza veem no Cristo a mais alta manifestação de Deus, a que tudo presta obediência.

O centurião vê o Jesus visível — e tem fé no Cristo invisível, ou antes, sabe por uma experiência íntima que esse Cristo, visível em Jesus, ultrapassa todas as fronteiras dessa presença visível, podendo, pois, agir a qualquer distância do Jesus visível.

O centurião é, sem dúvida, um dos grandes videntes e místicos do Evangelho. Sabe por vivência própria o que outros admitem apenas por uma crença alheia.

É por isto que Jesus se enche de viva admiração e grande entusiasmo em face das palavras e da atitude do oficial romano. Nunca, nem mesmo entre os eruditos teólogos da sinagoga de Israel, encontrara ele uma experiência espiritual dessa pureza, profundidade e amplitude.

* * *

A teologia de nossas Igrejas está marcando passo, há quase dois mil anos, no mesmo ponto em que se achava a teologia da sinagoga, no tempo de Jesus. Quando Jesus interroga aos mestres de Israel "Que vos parece do Cristo?", respondem com uma afoiteza só comparável à sua grande ignorância: "É filho de David". Ao que Jesus lhes faz ver que o próprio David, cerca de mil anos antes do nascimento de Jesus, chama o Cristo "meu senhor"; se, pois, é seu "senhor", como é que é seu "filho"? E nenhum dos eruditos teólogos soube dar resposta a essa pergunta. É que identificavam o Jesus humano com o Cristo divino, o veículo visível com o conteúdo invisível.

Quase o mesmo acontece aos nossos dias! A expressão "Jesus Cristo" — em vez de "Jesus, o Cristo" — não permite aos nossos mestres solver o problema. A ideia de que o divino Lógos, que a princípio estava com Deus e que era Deus, possa ter estado presente no mundo muito antes que a pessoa de Jesus lhe oferecesse um canal e veículo de manifestação visível

— essa ideia é rejeitada por muitos como "não ortodoxa". O quarto Evangelho afirma explicitamente que a luz do eterno Lógos "ilumina a todo homem que vem a este mundo", mesmo àqueles milhares e milhões que viveram antes do nascimento de Jesus e que ainda hoje vivem sem jamais terem ouvido proferir este nome. A presença e atuação do Cristo eterno e onipresente não está necessariamente ligada à presença ou ao conhecimento de Jesus.

Só um conhecimento direto do Cristo, adquirido, não pelo estudo analítico do intelecto, mas pela intuição espiritual da razão, é que pode fazer compreender realmente o sentido profundo das palavras do centurião romano de Cafarnaum.

"EU VIM PARA LANÇAR FOGO À TERRA — E QUE QUERO SENÃO QUE ARDA?"

Segundo estas palavras do Mestre, o Evangelho de Cristo, o verdadeiro Cristianismo, é fogo ardente. Fogo é luz, calor, energia.

Luz é símbolo de sabedoria, compreensão espiritual.

Calor simboliza amor, simpatia, entusiasmo.

Energia realiza praticamente aquilo que a razão compreendeu como Verdade e o coração ama como Beleza.

Nada se realiza dinamicamente que não se tenha compreendido experiencialmente e amado entusiasticamente. Compreensão e amor são as duas asas para as grandes realizações. Onde há compreensão e amor tudo é possível, nada é impossível.

Quando um discípulo de Cristo compreende o que é o Cristo e seu reino não pode deixar de amar entusiasticamente essas grandezas, porque a Verdade aparece então como Beleza, e esta Verdade compreendida pela razão e amada pelo coração como Beleza gera tão intensa Felicidade que o homem se sente irresistivelmente impelido a realizar dinamicamente aquilo que compreende e ama. Não é possível compreender a Verdade como Beleza e amar a Beleza como Verdade sem as transformar em realidades concretas no plano horizontal da vida. Toda mística genuína é realizadora, ativa, dinâmica. O verdadeiro místico é necessariamente dinâmico, porque se sabe invulnerável e sempre vitorioso no essencial, embora nos secundários, nos resultados externos e palpáveis, pareça, por vezes, derrotado; ele sabe que é absolutamente inderrotável, e isto lhe dá irresistível coragem e intrepidez em todas as suas realizações em prol do reino de Deus.

Enquanto a Verdade é apenas entendida, perifericamente, pela luz fria da inteligência, ela não atrai, não fascina, porque parece vaga, longínqua, incolor, teórica, austera, uma espécie de região polar, um vasto campo de neve e gelo palidamente iluminado pela luz fria e fantástica da lua. Mas logo que a Verdade passa a ser compreendida vitalmente pela razão, ela adquire cores, vida, beleza — e fundem-se então numa só realidade a Verdade e a Beleza. E em face desse consórcio do verdadeiro e do belo, o homem se sente empolgado por uma força metafísica de possuir a Verdade e gozar a Beleza do reino de Deus — e logo todas as coisas da vida presente, mesmo as que pareciam difíceis, se tornam fáceis e deleitáveis; o jugo amargo da disciplina se torna suave, e seu peso se torna leve.

"A verdade" — disse Mahatma Gandhi — "é dura como diamante e delicada como flor de pessegueiro".

"Eu vim para lançar fogo à terra — e que quero eu senão que arda?"

* * *

O culto do fogo e da luz é antiquíssimo. Se há uma idolatria desculpável, é esta a mais desculpável de todas: a adoração do sol, e, em geral, do fogo e da luz. Em todos os tempos, o homem sentiu ou adivinhou obscuramente o que os cientistas da Era Atômica acabam de provar claramente: que a luz é a base de todas as coisas do mundo físico. Hoje em dia, sabemos que os 92 elementos do sistema periódico da química não são outras tantas realidades distintas, senão apenas 92 manifestações várias de uma e a mesma realidade fundamental, que Einstein e outros entendidos em física nuclear chamam "luz", confirmando cientificamente o que o autor do Gênesis já sabia intuitivamente quando escrevia: "No primeiro dia Deus creou a luz".

E desta luz, segundo Moisés e Einstein, nasceram todas as outras coisas, energias e matérias, do universo físico. A luz é a mãe de todas as coisas. Todas as coisas são *lucigênitas*, filhas da luz. A matéria é "energia congelada", e as energias são "luz condensada". Quanto mais condensada é uma coisa, tanto mais material; quanto menos condensada, tanto menos material. A luz possui condensação mínima, e, por isto, expansão máxima, isto é, presença; a luz possui onipresença no plano do universo material; ela é imanente em todas as coisas e todas as coisas são feitas de luz, lucigênitas. A luz é a mais imaterial de todas as coisas materiais, e, por isto mesmo, o mais perfeito símbolo da Divindade. Em todos os livros sacros da humanidade Deus é comparado à luz: "Deus é luz, e nele não há trevas". "Eu sou a luz do mundo, quem me segue não anda em trevas".

Quando Jesus diz que veio lançar luz à terra, afirma simbolicamente que veio permear do espírito de Deus todas as coisas do mundo de Deus. Esse espírito divino, é verdade, já existe no mundo, porque está imanente em todas as coisas, também no homem, porquanto Deus é aquele Ser "no qual vivemos, nos movemos e temos o nosso ser", como Paulo de Tarso disse aos filósofos de Atenas.

Mas, falta que esse espírito de Deus presente e imanente em todas as coisas se torne consciente, plenamente consciente, no homem. A luz do divino Lógos, como diz o quarto Evangelho, "ilumina a todo homem que vem a este mundo"; mas nem todos os homens são conscientes dessa luz do Cristo interno; somente "àqueles que o recebem dá-lhes o poder de se tornarem filhos de Deus". Somente aqueles nos quais o Cristo potencial e latente se torna um Cristo atual e manifesto "renascem pelo espírito" e "podem ver o reino de Deus".

Não basta que o fogo de Cristo esteja presente em cada homem; é necessário que "arda", que se atualize, que se torne consciente e permeie toda a vida do homem.

Toda lenha, e qualquer outro combustível, é fogo potencial; mas só arderá quando um fogo atual dele se aproximar e atualizar o fogo potencial latente no combustível. Uma vez iniciada a ignição — mesmo por uma chama pequenina de fogo atual — estabelece-se a misteriosa "reação em cadeia": um fogo atual atualiza o fogo potencial, seu vizinho, e esse, devidamente atualizado, atualiza o combustível mais próximo, e assim por diante, até se estabelecer imenso incêndio de fogo atual. E este continuará sem cessar enquanto houver material combustível, isto é, fogo potencial capaz de ser atualizado.

Basta que uma única alma humana desperte para a realidade do seu Cristo interno, que é o Cristo eterno — e logo se inicia um novo incêndio cósmico, que vai alastrando, empolgando outras almas em gestação espiritual, e todas, atingidas pela mesma luz, dão à luz o Cristo latente nelas — e a "reação em cadeia" prossegue, interminável, iluminando e acalentando as almas do mundo inteiro, até que o reino de Deus seja proclamado por toda parte.

Onde quer que exista uma alma humana capaz de ignição espiritual, uma alma em estado adiantado de gestação crística, lá se operam estupendas maravilhas. De nada valem organizações impessoais, jurídicas, burocráticas, sociais, por mais perfeitas e bem excogitadas, se lhes faltar uma pessoa humana, um Eu, uma alma viva; porque não são as coisas, mas tão somente as almas que podem iniciar e propagar esse divino incêndio; as coisas não são incendiáveis em si, não podem "pegar fogo"; isto é privilégio das pessoas, das almas humanas. É, pois, trabalho perdido querer promover movimentos de "reavivamento" por meio de organizações eclesiásticas ou técnicas burocráticas. Esse material não é combustível, e o fogo do Cristo não vai romper em viva chama nas coisas impessoais. É necessário e suficiente que haja pelo menos uma alma incendiável — algum Paulo de Tarso, algum Francisco de Assis, algum Sundar Singh, algum Mahatma Gandhi, algum Albert Schweitzer, ou outra alma disposta a fazer nascer dentro de si o Cristo e depois irradiá-lo pelo mundo.

O espírito do Evangelho é essencialmente ígneo. O fogo atua extensivamente na razão direta da sua intensidade. Não pode produzir efeitos externos senão em virtude da sua causa interna. O mais esplêndido fogo artificial, pintado, não produz efeito de fogo, não ilumina, não acalenta, não tem força — ao passo que o mais humilde fogo real é irresistivelmente poderoso, quando encontra no seu caminho fogo potencial, isto é, material combustível ao qual possa comunicar a sua própria natureza. "Se tiverdes fé, ainda que seja do tamanho dum grão de mostarda, nada vos será impossível", se tiverdes fogo, por mais pequenino, tudo será incendiável.

O fogo artificial, apenas pintado numa tela, é uma fé crida, mas não uma experiência vivida, que é fogo real. O que apenas se crê vagamente, intelectualmente, eclesiasticamente não é fogo real, não ateia incêndios, nem no próprio crente nem nos outros, porque com fogo pintado não se pode atear fogo real.

O fogo que o Cristo veio lançar à terra é fogo real, vivo, dinâmico, é experiência direta e imediata de Deus, é o contato pessoal com o Cristo, é a gloriosa vivência do reino de Deus.

Naturalmente, para que esse fogo ateie incêndios é necessário que haja suficiente combustível na alma do homem. As cinco virgens tolas tentaram acender as suas lâmpadas, mas não o conseguiram, porque não havia combustível, azeite, nelas — e ficaram nas trevas. O combustível é a vida ética do homem. Se esta não existir, nunca haverá luz permanente na alma. Não posso atear fogo num montão de pedras frias, nem com um pequeno fósforo, nem com uma grande tocha, porque a pedra não oferece combustível.

A moral pré-mística, difícil e dolorosa, é necessária para que possa vir a ética pós-mística, fácil e deleitável. A cruz telúrica, pesada e sangrenta, tem de preceder à cruz cósmica, leve e luminosa. Era necessário que o Cristo sofresse tudo aquilo, para "assim entrar em sua glória".

"Eu vim para lançar fogo à terra — e que quero eu senão que arda?"...

“A VIDA ETERNA É ESTA: QUE OS HOMENS TE CONHEÇAM, Ó PAI...”

Não é possível compendiar em termos mais precisos e concisos a verdade fundamental da humanidade. Que é que mais deseja o homem?

Existência eterna?

Não! Vida eterna.

Todas as coisas existem eternamente, sem princípio nem fim — mas nem todas têm vida eterna, isto é, a consciência do seu eterno existir.

Não há início absoluto nem fim absoluto de coisa alguma, nem de Deus nem dos seus mundos. O SER de Deus e das suas creaturas é eterno, embora o existir dessas últimas seja temporário. Em Deus tudo é, mesmo antes de existir. Existir (de *ex* e *sistere* — estar de fora) é um efeito do SER. Antes de existirem, todas as coisas do mundo SÃO, e depois de deixarem de existir continuam a SER, não já como indivíduos, sim como fundidos na grande Realidade Universal.

Não há creação nem aniquilamento absoluto — toda creação e aniquilamento são processos meramente relativos.

Nascer é passar do estado universal para o estado individual: morrer é passar do estado individual para o estado universal.

Mas não é isto que chamamos vida eterna.

Vida eterna é a eterna consciência do Eu, a interminável perpetuação da consciência da identidade do Eu. Onde não há perpetuação da Eu-consciência não há vida eterna, embora haja existência eterna.

Vida eterna é incomparavelmente mais que existência eterna. É uma existência autoconsciente.

Não me interessa se vou ou não vou existir eternamente; interessa-me unicamente se vou viver eternamente.

O *existir* é comparável à luz, essa creatura insconsciente.

O *viver*, porém, é como que uma luz consciente.

* * *

A vida eterna não é um *estado de ser*, mas um *processo de agir*. Não é uma realidade *estática*, é uma realidade *dinâmica*. Vida não é passividade inerte, é atividade vibrante. Vida é conhecer. Vida eterna é eterno conhecimento.

Viver eternamente é conhecer eternamente. Mas, como o cognoscente é finito, e o cognoscível é infinito, jamais o cognoscente chegará ao termo final da sua jornada cognoscitiva. Por mais que conheça, sempre lhe resta infinito a conhecer. Em ponto algum da sua jornada evolutiva encontrará "luz-vermelha" na estrada, "trânsito impedido". Sempre terá diante de si a "luz-verde" de "trânsito livre". Quanto mais o homem conhece a Deus, mais o deseja conhecer, porque vai "de glória em glória", como diz Paulo de Tarso.

Se o homem finito chegasse algum dia a conhecer plenamente o Deus Infinito, ou o homem se teria infinitizado, ou Deus estaria finitizado. Nenhum dos dois processos é possível.

Entre o finito do cognoscente e o Infinito do cognoscível — ou incognoscível — vai uma distância infinita.

Nesse incessante bandeirismo do espírito, rumo a Deus é que consiste o fascínio da vida eterna. A consecução da meta final seria morte eterna, absorção do indivíduo pelo Universal, do relativo pelo Absoluto, do finito pelo Infinito, da parte pelo Todo. Se eu me diluísse em Deus, assim como uma pequena onda se dilui no grande Oceano, não seria eu imortal, mas tão somente Deus, porque eu não existiria depois.

O homem não *dilui* em Deus, mas *integra-se* em Deus.

Há dois sistemas filosóficos que destroem o conceito da imortalidade do homem: o materialismo, que destrói a imortalidade por *deficiência* — o panteísmo, que o destrói por *excesso*. O materialismo ensina que a alma é matéria e, como tal, se decompõe e deixa de existir como um todo. O panteísmo ensina que o homem é Deus, e, algum dia, perderá a sua individualidade no imenso nirvana do Universal e deixará de existir individualmente. Nem no materialismo nem no panteísmo há imortalidade do homem no sentido verdadeiro.

O Evangelho do Cristo, porém, não é materialista nem panteísta. Para ele, o homem individual nunca deixará de existir; a diferença entre a nossa vida individual de hoje e a nossa vida individual de amanhã está em que hoje a nossa individualidade não está permeada pela Universalidade, ao passo que, um dia, esta mesma individualidade será totalmente penetrada da divina Universalidade, assim como um límpido cristal é inteiramente permeado de luz solar, embora o cristal continue a ser o que é e sempre foi, o cristal, ele mesmo.

Não é, pois, o *sujeito cognoscente* que vai diluir-se no *objeto cognoscível*, mas este penetrará de tal modo aquele que o sujeito (homem) se tornará plenamente penetrado pelo objeto (Deus). O homem cósmico se diviniza, mas não se deifica.

* * *

Só Deus é, fora dele nada é.

"Eu sou o que sou", Yahveh, eu sou aquele que simplesmente é, e é com infinita necessidade.

Dizer a um profano que só Deus é, é dizer o maior absurdo. Este aparente absurdo, porém, encerra a maior das verdades.

Só Deus é — eu (o meu eu individual) não sou, eu apenas existo.

O Universal é, o individual apenas existe.

O que existe começou a existir e pode acabar de existir — mas o que é nunca poderá deixar de SER. O existir é apenas um fenômeno temporário do eterno SER.

O meu SER eterno, meu espírito, é idêntico a Deus; mas o meu existir temporário é inferior a Deus, porque é apenas uma das inumeráveis manifestações da eterna Divindade. Mas, se o meu eterno SER penetrar totalmente o meu temporário existir, também este pequeno e efêmero existir adquire eternidade, graças ao grande e eterno SER.

Todo homem é imortal *potencialmente*, mas não *atualmente*. A imortalidade atual é uma conquista, e não um presente de berço. Essa imortalidade atual é que é a vida eterna em toda a sua plenitude.

Atualizar a sua imortalidade potencial — é esta a grande e única tarefa do homem aqui na terra. É isto que Jesus chama "renascer pelo espírito".

Esse renascimento pelo espírito, essa conquista da imortalidade atual, esse ingresso na vida eterna — como é que se realiza?

Realiza-se quando o homem, penetrando nos abismos do seu ser, descobre a sua identidade essencial com Deus, e, depois dessa descoberta, faz penetrar toda a sua vida pela luz e força dessa verdade fundamental. A primeira parte desse processo chama-se mística, a segunda parte chama-se *ética*. Do consórcio da mística e da ética resulta o crístico. Verdade é que também existe uma ética antes dessa mística, mas é uma ética precária, dolorosa e sem sólida garantia de perpetuidade, como tudo que é difícil e sacrificial. A ética pré-mística se chama *moral*. Mas a ética que nasce da mística — quer dizer, a vida oriunda da experiência da nossa identidade com Deus — é uma ética diferente daquela primeira, porque é espontânea, sem nenhuma dificuldade nem sacrifício. Deus é bom com infinita felicidade e gozo. Por isto, todo homem que vive a sua identidade com Deus é necessariamente bom com felicidade e gozo. A ética difícil ou moral é filha de um *dualismo*, isto é, nasceu da ilusão de que o homem e Deus sejam duas realidades essencialmente diversas; é uma pseudoética que crê apenas num Deus *transcendente*, mas não tem experiência direta do Deus *imanente*. A fé num Deus transcendente torna o homem bom, mas dolorosamente bom, porque está baseada na ideia de um Deus distante, longínquo, separado do homem. Somente quando o homem ultrapassa o seu velho dualismo e verifica que o Deus transcendente e longínquo é, ao mesmo tempo, um Deus imanente e propínquo, só então é que ele entra na vivência de um grande *monismo*, que não nega a transcendência de Deus, mas acrescenta-lhe a imanência. À luz do meu existir dualista, Deus é apenas transcendente, porque é infinitamente maior do que esse existir, e por isto parece sempre um Deus longínquo em que se deva crer compulsoriamente; é a voz austera da lei: Tu *deves*! Mas quando a essa fé na transcendência longínqua de Deus se associa a vivência da sua imanência propínqua, em virtude do meu SER monista, da minha identidade essencial com Deus, então a austeridade da lei do compulsório *dever* se transforma na suavidade de um espontâneo *querer*, que é amor. E com essa experiência íntima do Deus em mim, da minha própria divindade essencial, toda amargura da moral se transforma em doçura, a amarga medicina cede lugar ao doce manjar, e o homem, assim remido, *quer* o que *deve*, executa com espontâneo amor os imperativos categóricos da lei compulsória. Quer dizer que para esse homem que passou pela experiência mística a lei passa a ser amor, o dever passa a ser querer, o difícil passa a ser fácil. Esse homem cumpre o conteúdo da lei como os outros homens bons, mas não o cumpre como eles. Cumpre o mesmo, de um modo diferente. Verifica que o jugo de Cristo é suave e que seu peso é leve; carrega com leveza as coisas pesadas, faz com suavidade as coisas amargas, estende arco-íris de sorrisos sobre dilúvios de lágrimas.

Em última análise, o verdadeiro Cristianismo não consiste em ser bom e fazer o bem — consiste essencialmente em ser perfeito, isto é, risonhamente bom e em fazer jubilosamente todo o bem que faz a seus semelhantes. A moral é como que uma máquina de aço, pesadíssima; o homem tristonhamente bom, o discípulo da moral pré-mística, faz funcionar pesada e ruidosamente esta máquina pesada — mas o discípulo da ética pos-mística, o homem risonhamente bom e perfeito, faz funcionar esta pesada máquina com a leveza de um sopro, com o silêncio da luz e com a exultante felicidade do amor.

A vida eterna é, pois, uma bondade feliz, ou uma felicidade cuja plenitude transborda em torrentes de bondade.

* * *

Todo homem que, deste modo, atualiza, pela mística e ética, a sua imortalidade potencial transpõe um abismo decisivo e se liberta definitivamente do pecado e da morte metafísica.

Também, como poderia ainda pecar — isto é, desamar a Deus — quem sabe por experiência que ele e o Pai são um?

E, uma vez chegado ao conhecimento intuitivo dessa sua essencial identidade com Deus, como poderia esse homem ainda recear a morte? O temor da morte nasce do dualismo, isto é, da ignorância de que a essência do homem é idêntica a Deus. A experiência mística, sendo a suprema verdade, acaba com toda a ignorância e todo o erro sobre Deus e o homem. Verdade é que o seu existir individual poderia morrer, porque não é idêntico a Deus; mas, uma vez que esse existir individual foi totalmente penetrado pelo SER universal de Deus, segue-se que nem esse existir individual pode morrer, enquanto não se separar do SER universal. Mas, por que razão havia esse existir individual do homem de divorciar-se do SER universal de Deus? A integração do pequeno existir no grande SER é acompanhada de tão intensa felicidade que o homem nem sequer pode ter o desejo de voltar atrás, separar-se novamente do SER divino e tornar a ser infeliz como antes dessa integração. Há um caminho do ser-infeliz para o ser-feliz, mas não há caminho do ser-feliz para ser-infeliz. Pode alguém descrer hoje do Deus em que ontem creu — mas ninguém pode amanhã ignorar o Deus que hoje sabe e saboreia por experiência íntima. Há ida e volta do crer ao descrer — mas não do saber ao não-saber. Há só ida.

"ESSA POBRE VIÚVA DEU MAIS QUE TODOS OS OUTROS"

A filosofia espiritual de Jesus está em flagrante oposição à filosofia material do mundo profano. Esta trata quase só de *quantidades*; aquela, de *qualidades*. Quantitativamente, os outros ofertantes tinham dado mais do que a viúva, que lançou no cofre apenas duas moedazinhas de cobre, cada uma talvez do valor de um antigo vintém nosso. Qualitativamente, porém, essa exígua oferta material representava gigantesco valor espiritual. Esse valor não era aferido pelo objeto, mas sim pelo sujeito.

Quando o homem profano quer dizer que uma coisa é solidamente real ele diz que é "objetiva"; se é apenas "subjetiva", tem pouca realidade, lá no seu entender. Para o iniciado, porém, o "subjetivo" é muito mais real que o "objetivo", ou melhor, o "subjetivo" é a única realidade verdadeira, ao passo que o "objetivo" é apenas uma aparência, um reflexo derivado daquele. Deus é o grande SUJEITO, os mundos dele são os pequenos objetos. O grande SUJEITO é a causa de tudo, os pequenos objetos são apenas uns efeitos efêmeros. O grande SUJEITO é, os pequenos objetos apenas *existem*.

Quanto mais real, e, portanto, divino, o homem se torna, tanto mais subjetivo vai ficando; quer dizer, tanto mais valor ele dá à *qualidade interna*, e tanto menos importância dá às *quantidades externas*.

A pobre viúva do Evangelho possuía pouquíssimas quantidades materiais, mas uma imensa qualidade espiritual. E, como a qualidade interna dá valor às quantidades externas, Jesus afirma que ela deu mais que todos os outros, porque os outros, os ricaços quantitativos, davam muito das suas quantidades de ouro e prata, mas pouco ou nada da sua qualidade humana e espiritual, porque não a possuíam. A viúva qualitativa era uma *indigente* de quantidades, mas uma *milionária* de qualidade — ao passo que os outros eram ricos talvez milionários em quantidades, porém indigentes em qualidade. Objetivamente ricos, subjetivamente pobres.

Esta filosofia qualitativa do sujeito é de difícil compreensão para nós, que tradicionalmente professamos uma pseudofilosofia quantitativa de objetos. Não compreendemos ainda que as quantidades objetivas não têm realidade autônoma, intrínseca, senão apenas realidade heterônoma, extrínseca. As quantidades objetivas são como outros tantos zeros, que, por mais numerosos, não representam valores reais, embora somados e multiplicados indefinidamente. As qualidades subjetivas, porém, são como o valor positivo "1", que, anteposto aos zeros, confere valor a estes: 1000. O primeiro zero após o "1" vale dez, o segundo cem, o terceiro mil; zeros valorizados pelo "1".

Quando Jesus disse: "Que aproveita ao homem ganhar o mundo inteiro, se chegar a sofrer prejuízo em sua alma?", frisou ele o valor intrínseco e qualitativo do sujeito, ou Eu humano, e o desvalor das quantidades externas do mundo. Para quem, como ele, tem a noção nítida da realidade do valor subjetivo e da irrealidade dos valores objetivos, sabe que é grande sabedoria salvar aquele, mesmo à custa destes, e grande loucura ganhar estes perdendo aquele.

Para que alguém possa compreender essa filosofia qualitativa do sujeito e sobrepô-la à tradicional filosofia, ou pseudofilosofia quantitativa dos objetos, requer-se que tenha experiência direta do seu próprio Eu, não desse pequeno ego periférico, físico-mental, mas do grande Eu central, racional. Em última análise, tudo depende da experiência pessoal, da vivência direta da realidade. Ninguém sabe, de fato, senão aquilo que ele vive; e ninguém pode viver senão aquilo que ele é. De maneira que saber, viver e ser são, em última análise, uma e a mesma coisa.

O homem profano, que só conhece os pseudovalores quantitativos do plano objetivo, horizontal, nunca compreenderá o verdadeiro espírito do Evangelho, que só trata dos valores qualitativos do plano subjetivo, vertical. Só no dia e na hora em que o homem viver intimamente esses valores é que saberá o que eles são na realidade. "Quem ouve estas minhas palavras, mas não as *realiza* (vive), é como um homem insensato que edificou a sua casa sobre areia. Mas, quem ouve estas minhas palavras, e as *pratica* (vive), este é como um homem sábio que edificou a sua casa sobre rocha."

O espiritual, invisível, eterno, infinito, absoluto, universal, divino — é que é a causa de tudo que é material, visível, temporal, finito, relativo, individual, que são os efeitos derivados daquela causa, inderivada.

A filosofia cósmica é 100% realista. Verdade é que o profano pensa precisamente o contrário, mas o seu errôneo pensamento não modifica a realidade. O profano costuma apelidar de "idealistas" os realistas, porque ignora que eles são muito mais realistas do que ele. Jesus é o rei dos realistas, e o seu Evangelho é a Carta Magna do maior realismo que já apareceu à face da terra; porque reais são as qualidades, irreais as quantidades, quando não "realizadas" por aquelas, assim como os zeros são "realizados" ou "valorizados" pelo "1".

A própria física nuclear dos nossos dias vem em nosso socorro e é nossa grande aliada e auxiliadora, porque prova, matemática e experimentalmente, que tanto mais real é uma coisa quanto menos material ou quantitativa, e tanto menos real quanto mais material. A matéria visível e palpável, que é "energia congelada", é menos real que essa energia em estado não congelado. Congelamento é passividade, descongelamento é atividade. A energia, por sua vez, é luz condensada, menos real que a luz não condensada. No mundo físico é a luz a mais real das realidades, por ser o menos material dos fenômenos do mundo físico.

No homem, a alma é mais real que a mente e o corpo; a mente é menos real que a alma, porém mais real que o corpo; o corpo é menos real que aquelas duas.

Quanto mais o homem se espiritualiza mais se realiza. Deus, sendo a suprema espiritualidade, ou o espírito absoluto, é a realidade absoluta. Quanto mais o homem se diviniza mais se realiza. O homem mais intensamente realizado que o mundo viu foi Jesus o Cristo, o "filho do homem", isto é, o homem por excelência, e, por isto mesmo, o "filho de Deus", a tal ponto divinizado que podia dizer: "Eu e o Pai somos um".

O supremo destino do homem, aqui ou alhures, é a sua autorrealização, que é idêntica à sua cristificação ou teorrealização, uma vez que a íntima essência do homem é Deus.

Se o homem se realizar a si mesmo, todas as coisas fora dele também serão realizadas, por intermédio dele. O homem é o grande sacerdote e profeta da natureza. O homem autorrealizado, ou espiritual, tem sobre a natureza um domínio muito maior do que o maior cientista ou o mais hábil técnico.

Através do seu sujeito, devidamente realizado, realiza o homem os objetos muito melhor do que através dos objetos.

O modesto óbulo da viúva era um grande passo no caminho da sua autorrealização, ao passo que as pingues ofertas dos outros eram apenas alorrealizações. Ela realizou obra eterna, no plano vertical do seu sujeito — eles tentaram realizar obras efêmeras no plano horizontal dos objetos ao redor deles.

Por isto, ela fez mais que todos os outros.

Ela era iniciada na grande filosofia cósmica — eles eram apenas estudantes primários da pequena filosofia telúrica.

O muito que os outros davam era pouco — o pouco que ela deu era muito.

Os outros jogavam no mealheiro ruidosas quantidades de zeros, gordos, ocos, vazios — ela deitou um silencioso e imponderável "1" de qualidade — e este modesto "1" deu valor positivo aos arrogantes "000 000" negativos dos outros.

Os outros deram do que lhes sobrava — ela deu o que lhe fazia falta.

Outros deram por ostentação — ela deu com amor e humildade.

Para dar do supérfluo não se requer qualidade, basta quantidade — para dar o necessário exige-se grande qualidade.

Outros deram do seu — ela deu o próprio Eu...

E o Mestre, que nada tinha de seu, mas era um grande Eu, ficou encantado com o Eu da viúva, que deu o pouco que era seu — e essa migalha do seu assumiu infinito valor em virtude do Eu que a deu...

Todo o valor dos nossos atos depende de nossa atitude. Nenhum ato tem valor em si mesmo.

"VÓS, QUANDO NÃO VEDES OBRAS PODEROSAS, NÃO TENDES FÉ"

"Dynamis" (plural "dynameis") é o termo grego do Evangelho do primeiro século para designar aquilo que nós, geralmente, chamamos milagres.

Entretanto, milagre não exprime o mesmo pensamento que "dynamis" (dynameis), que significa "força", "poder", ou, no plural, como em geral aparece, "obras poderosas", "feitos potentes". "Miraculum" (do verbo "mirari", admirar) é algo que se admira, que causa estranheza, ao passo que aquilo que Jesus realizava, as "dynameis", eram obras que revelavam um poder, uma força superior às forças dos homens.

A admiração ou estranheza provém da ignorância do expectador. Quem conhece a causa de um efeito não estranha. De maneira que, para as massas ignorantes, o que Jesus fazia eram "miracula", coisas de admirar; mas para ele mesmo eram "dynameis", obras poderosas.

Imensa literatura tem sido escrita, inumeráveis discursos, conferências e sermões têm sido proferidos sobre os chamados "milagres" de Jesus.

Muitos relegam as narrativas em torno desses prodígios ao mundo da mitologia, quer dizer, ao plano da irrealidade, das invenções ingenuamente fictícias e poéticas que acompanham a origem de muitas religiões. Os mitos pertencem à infância da humanidade. A criança não distingue nitidamente entre fato e fantasia; os contos de Grimm, Andersen, as histórias de *Mil e Uma Noites*, etc. tudo isto é, para a criança, tão real como os acontecimentos de cada dia. A percepção da linha divisória entre fato e ficção pertence aos adultos, embora o conteúdo ideal de muitas ficções seja, de per si, mais real do que os fatos que ocorrem na perceptível periferia do mundo objetivo.

Outros apelam para as forças da sugestão e hipnose, passando os "milagres" do plano objetivo dos eventos externos para o plano subjetivo de uma impressão interna. Segundo estes, Jesus não teria, por exemplo, convertido água em vinho, em Caná, nem multiplicado uns poucos pães e peixes, em Betsaida-Júlias, para fartura de milhares de pessoas esfaimadas, mas tudo isto teria acontecido unicamente no interior dos observadores; o intenso entusiasmo religioso pelo grande mestre teria sugerido ou sugestionado a tal ponto os convivas às bodas de Caná que eles julgassem sentir o gosto do melhor vinho ao beberem simples água da fonte; e as multidões no deserto se julgavam fartas quando de fato andavam de estômago vazio após o "milagre", abstração feita de uma migalha infinitesimal de pão e peixe que tivessem recebido. Também os doentes teriam recobrado saúde e forças em virtude duma magia sugestiva que partia da pessoa do Nazareno. Verdade é que, em certos casos, essa hipótese da sugestão ou autossugestão esbarra com uns sérios quês, como, por exemplo, no caso dos defuntos ressuscitados, sobretudo de Lázaro em estado de franca putrefação, bem como no caso da tempestade no lago de Genesaré acalmada pelo taumaturgo e sobretudo em face dos doze cestos de fragmentos que sobraram dos cinco pães e dois peixes — mas os defensores dessa teoria não se desconcertam com tão "pouco"...

Há uma terceira hipótese para explicar, ou antes, eliminar dos Evangelhos os "milagres" de Jesus: a da "fraude piedosa", baseada no princípio de que o fim (bom) justifica os meios (maus). Jesus teria enganado propositadamente as massas ignorantes com milagres aparentes. Quando se objeta que um homem de acendrada pureza ética como Jesus não podia lançar mão de semelhante expediente, inético, respondem-nos os advogados dessa teoria: "Ora, não queiramos medir os gigantes com a bitola dos pigmeus! para os super-homens não existe a suposta diferença entre moralidade e imoralidade, eles estão (para usar uma frase de Nietzsche) "jenseits von gut und boes" (para além do bem e do mal); tudo é moralmente bom para quem tem em mira um fim sublime, conto esse da regeneração da humanidade, que não era possível sem o "milagre"; mas, como milagres segundo eles, não são possíveis, por serem contrários às leis da natureza, só restava ao Nazareno lançar mão de pseudomilagres para conseguir esse grande ideal.

Tais, e outras similares, são, em síntese, as tentativas de eliminar do texto evangélico os chamados "milagres" de Jesus. Não faltou quem dissesse que, se conseguíssemos expurgar desses infelizes milagres o Evangelho, teríamos diante de nós o mais estupendo documento ético da humanidade.

* * *

Que dizer a isto?

Duas coisas, e importantíssimas, temos de responder aos inventores e adeptos dessas e de outras teorias afins:

1) Todas essas teorias partem do falso suposto de que o "milagre" seja uma exceção ou negação das leis da natureza,

quando, na realidade, são a mais brilhante afirmação e confirmação dessas mesmas leis.

2) Todos os defensores dessas teorias constroem o seu edifício sobre uma base fictícia, e não sobre um fato real, admitindo tacitamente uma premissa errônea. Que premissa ou suposição é esta? É a admissão tácita de que o homem comum de hoje seja um homem *definitivo* em sua evolução e que homem algum possa fazer algo essencialmente diverso daquilo que nós podemos fazer.

Em outro capítulo trataremos do primeiro ponto. No presente parágrafo abordaremos tão somente o segundo ponto: o erro de supor que o homem físico-mental dos nossos dias seja o homem, em toda a sua plenitude e perfeição, quando, de fato, é um ser humano provisório e primitivo.

A fim de ilustrar e concretizar esta verdade, vamos estabelecer o seguinte paralelo:

Tempo houve em que o homem primitivo, pré-histórico, não possuía inteligência suficiente para construir uma casa do tipo das nossas vivendas de hoje. Muito menos era capaz de iluminar a sua moradia com luz elétrica, colocar nela um aparelho de rádio ou televisão, ou algum dos outros prodígios da nossa ciência e técnica atuais. Se, nesses tempos remotos, tivesse aparecido no meio desses semi-homens um homem do tipo intelectual de hoje e tivesse construído um dos mencionados aparelhos — que teria acontecido no seio daquela humanidade primitiva? De duas uma: os que não tivessem visto o tal aparelho-prodígio negariam a realidade, provando "cientificamente" que semelhante fenômeno é impossível e, portanto, objetivamente irreal; outros, que tivessem visto o aparelho, proclamariam seu autor como uma espécie de divindade ou portento sobrenatural.

Por que teria o homem primitivo assumido uma dessas atitudes?

Unicamente porque, incapaz de realizar o que esse super-homem realizara, não admitiria que um homem normal fizesse o que ele — que se considerava o único "normal" — não podia fazer.

É precisamente este o caso com os eruditos agnósticos do nosso tempo, os adeptos de todas as hipóteses expostas e outras congêneres. A sua dificuldade provém do fato de suporem o que não deveriam supor como base das suas teorias.

É deveras estranho, ou antes vergonhoso, que, em plena Era Atômica, haja homens considerados cultos, dotados de tão escasso senso de lógica que não percebam o caráter anticientífico e antirracional da sua atitude.

É evidente que o homem intelectivo de hoje não é o homem integral, definitivo. O homem primitivo estava com os sentidos perfeitamente acordados mas o seu intelecto, embora presente, dormia ainda o sono da meia-noite; não existia ainda um aparelho nérveo e cerebral suficientemente desenvolvido e diferenciado para que a grande artista, Inteligência, se pudesse manifestar nesse instrumento. Aludindo à invisível presença da inteligência de hoje no aparelho visível do cérebro, escreve um cientista alemão, Ludwig von Schleich, estes versos, maravilhosos:

> *"Auf den feinsten Nervensaiten*
> *Spielt ein Spielmann sein Gedicht,*
> *Wohl fuehlst du die Finger gleiten —*
> *Doch den Spielmann siehst du nicht".*[1]

---

[1] "As mais belas ligações nervosas
Reproduz um artista em seu poema
Bem te sentes nos dedos deslizarem —
Mas o artista não vê".

A criança dos nossos dias está nas mesmas condições em que, milênios atrás, se encontrava a humanidade. Seria absurdo e anticientífico negar natureza humana à criança pelo fato de não revelar inteligência. No entanto, sabemos que a criança humana, embora sem vestígio externo de inteligência, é um verdadeiro ser humano; nela existe a inteligência em estado *potencial*, dormente ou latente. A inteligência potencial é uma inteligência *real*, ainda que não *atualizada*.

O homem de hoje está muito longe de personificar o homem completo e definitivo. Somos uma "sinfonia inacabada". As nossas forças estão semiligadas. A nossa inteligência trabalha por meio de processos indiretos, sucessivos, analíticos. É necessário que desperte no homem uma faculdade que ele possui, mas ainda não desenvolveu devidamente. Assim como, pelos sentidos, o homem nunca teria chegado a descobrir e utilizar a eletricidade e as energias nucleares, se nele não despertara a inteligência, da mesma forma nunca chegará o homem a sua evolução plena, se não cruzar a fronteira da inteligência para a razão.

A razão opera direta e instantaneamente, sem aparelhos, só pela força intrínseca da sua própria natureza. A razão é essencialmente uma força creadora, e é nisto que está a sua divindade ou semelhança com Deus.

Segundo Teilhard de Chardin, o homem se acha agora na *noosfera*, ou seja, na intelectualidade; e daí vai em demanda da *logosfera*, zona da racionalidade. Da perspectiva da *logosfera*, os chamados milagres de Jesus são perfeitamente naturais, são manifestações do poder, da potência racional do homem, em que se achava o Cristo, que, no quarto Evangelho, é chamado a razão, em grego Lógos.

Para o homem da logosfera, o que Jesus fez será tão natural como para o homem da noosfera é natural a aeronáutica, o rádio, a televisão, etc.

O Lógos no homem logoficado realizará as mesmas obras que o Lógos realizou em Jesus, como ele mesmo disse: "Vós fareis as mesmas obras que eu faço, e fareis obras maiores do que estas porque o Pai, que está em mim, também está em vós".

"SEDE INTELIGENTES COMO AS SERPENTES — E SIMPLES COMO AS POMBAS"

Que a segunda parte desta recomendação seja do Cristo, condiz com o conteúdo das nossas teologias e dos nossos devocionários; mas que também a primeira parte seja dele, isto desdiz e destoa de tudo quanto costumamos dizer, pensar e escrever sobre o Nazareno.

No entanto, poucas palavras caracterizam melhor do que estas o gênio cósmico do filho do homem e do filho de Deus. Nestas palavras, brevíssimas e imensas, vem compendiada a história evolutiva do gênero humano de centenas de milhares de anos, do passado, presente e futuro.

Inteligência de serpente — simplicidade de pomba!...

A história da humanidade começou, propriamente, com o despontar da inteligência, simbolizada pela serpente. Verdade é que, antes dessa alvorada intelectual, já existia o homem, mas apenas em estado potencial, embrionário; nesse homem pré-intelectual, meramente sensitivo, já existia, em estado latente, o homem de hoje. Nesse tempo remotíssimo, o homem era íntelectualizável, como a criança intra ou extrauterina dos nossos dias; mas não era ainda intelectualizado como hoje. A criança, embora não revele inteligência, é um verdadeiro ser humano; basta que o resto da sua evolução corra normalmente para que, a seu tempo, se revele a inteligência velada; porquanto o dom do intelecto (não o grau de inteligência) é, hoje em dia, um elemento universalmente transmissível de pais a filhos.

Se o homem não tivesse passado do estado sensitivo, intelectualizável, para o estado de intelectualização em que hoje se encontra, não seria possível a sua evolução ulterior, ultraintelectual, rumo à razão, ao espírito. Assim como sem sentidos normalmente desenvolvidos não há inteligência, de modo análogo, sem uma inteligência normal não pode haver vida racional. A natureza é progressiva, sem lacunas nem intermitências. Não quer isto dizer que o homem, para evolver rumo à razão, deva possuir uma inteligência extraordinária; basta que tenha a faculdade normal de pensar. Da mesma forma, para que um homem seja inteligente não se requer que seja fisicamente um atleta, de músculos hipertrofiados, mas que o seu organismo seja normalmente desenvolvido de tal modo que possa servir de base e veículo para ulterior evolução rumo à inteligência. Muitas vezes, a hipertrofia, quer do corpo quer do intelecto, é antes e empecilho do que auxílio para o estágio evolutivo subsequente. Quem só vive para treinar o bíceps material dificilmente terá tempo nem interesse para robustecer a inteligência; e quem só vive para cultivar a agudeza mental raramente atingirá a zona do mundo racional.

Era indispensável que, primeiro, despontasse a "estrela d'alva", o Lúcifer (porta-luz), para que depois pudesse nascer o Lógos, a "luz do mundo".

Quando se diz ao homem comum que Lúcifer é o precursor do Lógos (Cristo), fica ele horrorizado com tão sacrílega "irreverência"; porque, para ele, Lúcifer é Satanás, o diabo em pessoa — tamanha é a confusão creada por certos teólogos inexperientes no plano da intuição racional.

Quando então um desses homens escandalizados esbarra, por exemplo, com o hino pascal "Exultet", que, no sábado de aleluia, se canta à entrada das igrejas católicas; e quando percebe e compreende as palavras: "*O felix culpa! o vere necessarium Adae peccatum...*"[1] — fica esse homem totalmente desnorteado.

Por quê?

Porque, desde pequeno, ouviu que Lúcifer é o irreconciliável adversário de Deus; e vê-se em face dum dualismo enigmático.

Como pode haver uma "culpa feliz" como pode existir um "pecado verdadeiramente necessário"? e como é que uma igreja ousa proclamar tão horripilante heresia?

É que, nesse glorioso hino, ecoam certas vozes que se perderam no Cristianismo mais puro, que entraram na liturgia e lá estão até hoje, em contradição com o escolasticismo mental.

Naqueles tempos remotos, Lúcifer era ainda considerado como precursor do Lógos, como vemos na obra de Orígenes, do segundo século da nossa era. Nesse tempo, Lúcifer não era simplesmente Satanás, o diabo. Lúcifer era a serpente, o intelecto virgem, não antirracional, não-satanizado, não-diabólico. Lúcifer era a força que conduziu o homem do Éden, das trevas da inconsciência, para a luz crepuscular da consciência individual, intelectual. A "culpa" ou o "pecado" de Lúcifer não era um pecado no sentido de hoje. Lúcifer, como diz a própria palavra, era o "porta-luz", aquela faculdade do homem que o tirou das trevas do inconsciente e o levou à semiluz do consciente. Lúcifer, a serpente, é pois, a ego-consciência personal do homem pós-edênico.

---

[1] Ó feliz culpa! O necessário e verdadeiro pecado de Adão...

O Lógos, o Cristo, é a Razão, a consciência cósmica. Mas, como poderia aparecer essa consciência universal sem que primeiro aparecesse a consciência individual? Como poderia o homem edênico, inconsciente, cristificar-se pela consciência universal sem que, primeiro, se luciferizasse pela consciência individual? Como poderia o homem dar o último passo da sua evolução sem dar antes o penúltimo?

* * *

Quando Jesus recomenda a seus discípulos que sejam inteligentes como as serpentes, refere-se ele à consciência individual, ao Lúcifer do intelecto, que deve necessariamente preceder, na evolução cronológica o advento do Lógos.

Lúcifer sem Lógos é o Intelecto.

Lúcifer contra Lógos é Satã.

Lúcifer com Lógos é o Cristo, o filho do homem, o homem integral, o homem cósmico.

Lógos sem Lúcifer não existe, porque seria Razão sem Intelecto, o que é absurdo, porque a Razão necessita do Intelecto como sua base de operação. O intelecto é o princípio da individuação consciente, a Razão é o princípio da universalização pleniconsciente.

A Razão, o Lógos, o Cristo são simbolizados pela pomba, que não é sagaz nem agressiva como a serpente, mas mansa, meiga, pacífica.

A consciência individual, ou inteligência, tem a tendência de usar de violência física ou mental para conseguir os seus fins egoísticos — ao passo que a consciência universal, crística, é inimiga de qualquer espécie de violência, quer física quer mental. A violência mental, a sagacidade intelectual, é alheia à Razão.

Onde termina o espírito da força, ali começa a força do espírito.

Essa simplicidade racional ou espiritual não implica a *negação* da inteligência, é ultramental, assim com o sol meridiano não nega a alvorada matutina, mas a ultrapassa em sua plenitude.

Um animal não pode passar a ser racional — mas sim um homem intelectual. Nem pode um ser tornar-se intelectual sem passar pelo período da sensitividade.

A razão supõe o intelecto, o intelecto supõe os sentidos. A superestrutura ergue-se sobre a subestrutura.

Nunca apareceu no mundo um homem mais racional e mais intelectual do que o profeta de Nazaré, no qual essas duas faculdades celebram a mais perfeita sinfonia. Nele, a inteligência da serpente estava perfeitamente integrada na simplicidade da pomba; ele é, segundo suas próprias palavras, a "serpente erguida às alturas", o intelecto sublimado pela razão, o Lúcifer que culminou no Lógos.

Quando a serpente horizontal do intelecto, pecável, é sublimada à serpente verticalizada da razão, impecável — então atinge o homem a plenitude da sua evolução, o Lúcifer da consciência individual se funde no Lógos da sua consciência universal...

O felix culpa!...

"QUANDO TIVERDES FEITO TUDO, DIZEI: SOMOS SERVOS INÚTEIS..."

"...Cumprimos apenas a nossa obrigação; nenhuma recompensa merecemos por isto." Eis a apoteose do homem perfeito, do gênio cósmico, da creatura crística!

Quem executa pesadamente as coisas pesadas é bom — mas não é perfeito.

Quem carrega a sua cruz gemendo é bom — mas não é perfeito.

Quem verifica que o jugo do Cristo é amargo e pesado é bom — mas não é perfeito.

Só quem executa com leveza as coisas pesadas; quem carrega a sua cruz sorrindo; quem sabe por experiência íntima que a amargura da disciplina espiritual é suave e que seu peso é leve — este é perfeito.

Quem jejua desfigurando o rosto para mostrar que jejua é um asceta tristonho e imperfeito — mas quem, jejuando, mostra semblante alegre como o mais farto dos homens, de maneira que ninguém possa suspeitar que ele está jejuando — esse é um gênio crístico, um homem cósmico.

Isto é a sabedoria do Evangelho do ocidente e do oriente, da filosofia do Cristo e da filosofia dos Vedas e da Bhagavad-Gita: "Mata o desejo de possuir, de gozar, de viver — e depois vive como os que mais desejam possuir, gozar e viver!"

Quem é tristonhamente bom descobriu o corpo do Cristianismo — quem é radiosamente bom abraçou a alma do Cristianismo.

É esta a divina alquimia do Cristianismo Universal, de todos os tempos e países: transforma em leve o pesado, em suave o amargo, em sorridente o doloroso, em luminoso o escuro, estende arco-íris de paz e sorriso sobre todos os dilúvios de sofrimentos e lágrimas.

É esta a redenção do homem — redenção não só da irredenção dos seus vícios, mas redenção também da pseudorredenção das suas virtudes. Quem ainda se considera um herói, uma heroína, pelo fato de ter cumprido o seu dever, não está redimido; a complacente consciência de ser bom impede-o de ser perfeito; o homem perfeito, depois de ter cumprido o último dos seus deveres, diz: Sou servo inútil — nenhum prêmio mereço pelo fato de ser bom; sou bom unicamente por ter reconhecido que isto está certo, em harmonia com as leis eternas...

* * *

Como é possível realizar essa transformação, se não temos poder sobre os objetos a serem transformados?

Aqui é que está a ilusão fatal da humanidade de todos os tempos: queremos transformar os objetos do plano horizontal, quantitativo — em vez de transformar o Eu, o sujeito do plano vertical, qualitativo. Donde vem essa ilusão? Do nosso inveterado egoísmo, que é a lei da inércia moral: queremos transformar os objetos ao redor de nós, o que exige apenas *ciência intelectual*, mas pode coexistir com o nosso egoísmo — ao passo que a transformação do sujeito dentro de nós exige consciência espiritual, que tem de derribar dos seus tronos os nossos ídolos e fetiches. Por isto, guiados pela lei do menor esforço, preferimos tratar da alquimia dos objetos, e evitamos a alquimia do sujeito. Aquela é gozosa, esta é dolorosa. Aquela é periférica, quantitativa — esta é central, qualitativa.

Não é necessário, nem suficiente, que tenhamos poder sobre os objetos externos, porque esses objetos quantitativos do plano horizontal não têm realidade autônoma em si mesmos; são reflexos, sombras, efeitos, derivados de uma causa real em si mesma. Os objetos também serão transformados, mas não pelos objetos, e sim pelo sujeito. Não existe transformação do objeto pelo objeto — só existe transformação dos objetos pelo sujeito; ou seja, alorrealização por meio de autorrealização. O homem que se realiza a si mesmo realiza todas as coisas fora de si. A alquimia da qualidade traz consigo a alquimia das quantidades.

O maior dos perigos não está em ser mau — o perigo dos perigos está na complacente consciência de ser bom, de ser um herói de virtuosidade, do tipo daquele virtuoso fariseu no templo, que assim orava: "Eu te agradeço, meu Deus, por não ser como o resto dos homens: ladrões, injustos, adúlteros; eu jejuo duas vezes por semana e dou o dízimo de todos os meus haveres". E voltou este para casa, não ajustado, diz Jesus, porque vivia na complacente consciência da sua justiça e bondade.

"Eu detesto os vossos vícios, e mais ainda as vossas virtudes" — exclama Nietzsche na sua obra *Assim falou Zaratustra*. Dos nossos vícios nos libertaremos um dia — mas das nossas virtudes, isto é, da blandiciosa consciência de sermos heróis, será que algum dia nos libertaremos dessa obsessão? Enquanto o ser-bom não for natural e evidente para nós, sem nenhuma sensação de heroísmo e virtuosidade, estamos longe da alma do Evangelho.

O publicano, pecador, tem consciência dos seus pecados — o fariseu, não menos pecador, tem consciência das suas virtudes; aquele voltou para casa curado — este voltou para casa mais doente ainda, porque chamou saúde a sua doença. Um doente que não reconhece a sua doença, e chega ao absurdo da cegueira de a chamar saúde, é incurável. "Eu detesto os vossos vícios — e mais ainda as vossas virtudes..." Eu detesto a vossa doença chamada doença — e detesto mais ainda a vossa doença chamada saúde. Aquela é uma doença curável — esta é uma doença incurável. Aquela é simples fraqueza — esta é um orgulho satânico. Enquanto alguém diz; "Cumpri o meu dever — e sou servo inútil", tem saúde espiritual; mas, se disser: "Cumpri o meu dever — e sou um servo útil", um herói, um homem virtuoso, está doente e é incurável.

* * *

Há, portanto, três atitudes possíveis do homem em face daquilo que é seu dever: 1) há homens que não cumprem o seu dever, 2) há homens que cumprem o seu dever com sacrifício e tristeza, o que neles gera o senso do heroísmo, 3) há homens que cumprem o seu dever com leveza e alegria, sem nenhum senso de heroísmo nem virtuosidade.

Os da primeira classe são os viciosos.

Os da segunda categoria são os virtuosos.

Os do terceiro grupo são os sábios e santos, os gênios cósmicos, os homens crísticos.

Os da primeira classe são *maus*.

Os da segunda são *bons*.

Os da terceira são *perfeitos*.

Ai do homem que tem a consciência de ser virtuoso. O seu complexo de virtuosismo o impede de ser um homem crístico.

Quem carrega pesadamente o que é pesado, quem executa amargamente o que é amargo, quem padece dolorosamente o que é doloroso é, quando muito, um *talento*, mas não é um *gênio*; o gênio riscou do vocabulário da sua vida esses termos negativos "pesado", "amargo", "doloroso", porque nada mais significam para ele. Só quem supera a consciência da sua virtuosidade e do seu heroísmo é que é um gênio espiritual, um homem crístico.

* * *

A todos os seus discípulos recomenda o Mestre que, depois de terem cumprido todos os seus deveres, se considerem como "servos inúteis" sem direito a prêmio algum, porque para o homem integral o cumprimento do dever é natural, espontâneo e gratuito. Quem pensa em prêmio ou recompensa é mercenário. Quem tem de ser recompensado, compensado, ou pensado, está doente, fraco, imperfeito. O homem perfeito não necessita de ser recompensado, porque não é mercenário, nem compensado, porque é completo, nem pensado, porque possui perfeita sanidade. O homem cósmico cumpre o seu dever não por *dever*, mas por *querer*; porque, na sua sabedoria, compreendeu que ser bom é natural, estar em harmonia com as leis do Universo do Deus do Universo. Sintonizou o seu pequeno *querer individual* com o grande QUERER UNIVERSAL — e nada mais!

“SE NÃO VOS TORNARDES COMO AS CRIANÇAS...”

Certo dia, estavam os discípulos de Jesus discutindo entre si sobre quem deles era o maior no reino dos céus — quando Jesus chamou uma criança, colocou-a no meio desses ambiciosos pecadores e disse-lhes: “Se não vos converterdes e vos tornardes como esta criança, não entrareis no reino dos céus”.

Seria crível que o Mestre, para dar uma lição de pureza a seus discípulos, colocasse ante os olhos dos impuros um modelo impuro? que deles exigisse se convertessem da sua impureza de adultos para a impureza da criança? É evidente que Jesus supõe que essa criança é pura, livre de pecado, em união com Deus, que ela está no reino de Deus por natureza, no qual os egoístas litigantes deviam entrar por seu próprio esforço: “A alma humana é cristã por sua própria natureza”, escreve Tertuliano, no segundo século, fazendo eco fiel à filosofia positiva do Evangelho do Cristo.

* * *

Em outra ocasião fala Jesus do crime daqueles que "escandalizarem" ou forem motivo de pecado aos pequeninos que têm fé nele".

Pergunto: que entende Jesus por esse "ter fé"? Evidentemente, nenhuma daquelas crianças cria em Jesus, no sentido teológico de hoje; nenhuma delas o conhecia como o Messias; para essas crianças israelitas era Jesus um dos muitos rabis da sua terra. Que quer pois, dizer que "tinham fé nele"?

Fides é o radical de fidelidade, harmonia, consonância, sintonia. O verbo derivado de *fides* ou fé seria "fidelizar", ou seja, estabelecer fidelidade.

A alma da criança está em estado de fidelidade ou sintonia natural, embora inconsciente, com Deus. A alma é crística por sua própria natureza. Ela não é tornada crística por um ato ritual, como julgam os que creem na existência de um pecado original na criança.

Toda criança natural tem fé, ou fidelidade com o Cristo, com Deus.

O que a criança é por natureza, isto deve o homem adulto tornar-se por consciência. O homem, dotado de livre-arbítrio, pode "desfidelizar-se", perder a harmonia com Deus, mas pode "refidelizar-se", restabelecer a fidelidade ou harmonia perdida por culpa própria. Isto é, na linguagem de Jesus, tornar-se como criança. Não se trata de tornar-se criança, que seria infantilismo, mas sim fazer-se por esforço da consciência o que a criança é por natureza.

O homem plenamente espiritual tem sempre algo de criança: é simples, sem malícia, sem segundas intenções, humilde, sincero. O homem crístico é conscientemente o que a criança é inconscientemente, sintonizado com Deus.

* * *

Quando, certo dia, Jesus abençoava as crianças tentaram os discípulos afastá-las do Mestre; este, porém censurou seus apóstolos, dizendo: "Deixai que venham a mim as crianças, e não lho embargueis, porque de tais é o reino dos céus".

Segundo a teologia corrente, nenhuma dessas crianças se achava em "estado de graça", todas eram "filhos da ira divina", pecadores natos, e, se alguma delas morresse nesse estado não entraria jamais no reino de Deus; todas iriam para o "limbo". Jesus, porém, afirma que essas crianças e todos os que com ela se parecem estão no reino de Deus, reino de pureza isenta de pecado.

Qual a razão por que a teologia eclesiástica adotou essa doutrina pessimista do pecado original, quando o Evangelho é manifestamente contrário a essa ideia?

Em parte, devido à interpretação de certas palavras do apóstolo Paulo, em parte em virtude duma psicologia professada em séculos passados, mas hoje abandonada pela elite pensante e espiritual da humanidade. Essa psicologia em cuja atmosfera se desenvolveu a doutrina da essencial maldade do homem continua a vigorar, como funesta pedagogia, em numerosas famílias e institutos de educação dos nossos dias. Acham certos educadores que quanto mais se intensificar na alma do educando a convicção da sua maldade, tanto mais eficazmente aceitará ele o que lhe é oferecido pelo educador. Para ter confiança no mestre, deve o educando ter desconfiança em si mesmo.

Vai nisto uma ilusão fatal. A consciência da sua maldade não produz no educando um ambiente propício à convertibilidade, mas antes o contrário; o homem convencido de que é essencialmente mau dificilmente crê na possibilidade de se tornar bom; desespera de si; volta as rédeas a seus instintos negativos; uma vez que já é mau, por culpa alheia, resolve ser ainda pior, por culpa própria.

Ai do homem que não crê em si! que não tem confiança em sua intrínseca bondade!

Quando, por outro lado, se mostra ao homem que, apesar de ter praticado atos maus, ele não é total e irrevogavelmente mau; que ele é *potencialmente* bom, embora não o seja ainda *atualmente* — então esse homem, tomado de um nobre entusiasmo e brio, envidará todos os esforços para se tornar também atualmente o que já é potencialmente.

* * *

Mas — exclamará alguém — isto é autorredenção!

É, sim, autorredenção — mas a Cristorredenção é necessariamente uma auto-redenção.

Como assim?

Porque a íntima natureza do homem é crística. A luz do Lógos, do Cristo interno "ilumina a todo homem que vem a este mundo... e dá aos que a recebem o poder de se tornarem filhos de Deus". O Cristo é o centro real de todo homem, é a alma, o sopro de Deus, o espírito de Deus que habita no homem. Se o "autós" redentor fosse o nosso corpo ou a nossa mente, a autorredenção não seria uma Cristo-redenção e sim uma egorredenção; mas o verdadeiro "autós", o íntimo "Eu" do homem é seu Cristo interno, e quem é redimido por esse Cristo de dentro é redimido pelo mesmo e único Cristo, que estava e está em Jesus.

Se o homem fosse visceralmente pecador, nem seria possível a sua redenção, porque, neste caso, não existiria na natureza humana um elemento positivo, um ponto de contato ou de ressonância que respondesse ao apelo do Cristo redentor.

O homem essencialmente mau seria irredimível; só um homem potencialmente bom é que é redimível.

Se a semente duma planta no fundo da terra não fosse essencialmente "solar", jamais ia reagir ao silencioso convite dos raios solares de fora; se de fato brota ao encontro do sol em virtude desse misterioso apelo solar de fora, prova é de que a semente é essencialmente solar. A alma da planta é filha da luz solar, por isto pode responder ao convite da sua luminosa mãe.

Se a alma humana não fosse intrinsecamente crística não poderia cristificar-se.

Jesus sabia que toda alma é essencialmente crística; por isto disse: "Desses tais é o reino dos céus".

"QUEM PERDER A SUA VIDA GANHÁ-LA-Á"

Estas palavras paradoxais encerram a maior das verdades. Não se pode possuir algo sem o perder primeiro. Ninguém pode possuir firmemente a vida do seu ego humano se não realizar o seu Eu divino — assim como ninguém pode possuir uma parte se perder o Todo. Se alguém quisesse possuir o 10, perdendo o 100, não teria o 10, que é uma parte integrante do 100. Mas, se alguém se declarasse disposto a perder o 10 para ganhar o 100, verificaria que, possuindo o 100, não perdeu o 10.

O ego humano não pode imortalizar-se por si mesmo; só pode ser imortalizado pelo Eu divino. Se o ego se integrar no Eu, então se imortaliza. Acontece, porém, que essa integração parece ser uma desintegração, uma extinção, uma morte do ego. Enquanto o ego não se convencer de que a sua integração no Eu maior não é extinção, mas integração e imortalização, não aceitará ele essa integração.

O ego que não se integra — se desintegra.

O ego que não se realiza — se desrealiza.

Por isto insistem os Mestres espirituais nessa integração, para não haver desintegração.

Mas essa integração da parte no Todo é uma espécie de sofrimento, de sofrimento redentor. É um egocídio que leva à vida eterna.

Quando falamos do sofrimento redentor, referimo-nos unicamente ao sofrimento voluntariamente aceito, porque profundamente compreendido como fator positivo de evolução superior. Não incluímos, portanto, nessa redenção os que se *revoltam* contra o sofrimento, nem mesmo os que se *resignam* passivamente ao sofrimento inevitável.

A atitude dos revoltados é *negativa*; a atitude dos resignados é *neutra*, mas nem a atitude negativa nem a atitude neutra podem redimir o sofredor, por mais intenso e diuturno que seja o seu sofrimento; porquanto, não é o sofrimento em si que redime e espiritualiza o homem, mas sim a atitude *positiva* e afirmativa que o homem assume em face do sofrimento. Nenhum objeto pode *de per si* redimir-me; só eu mesmo, o sujeito, é que posso realizar essa redenção.

Qual é, pois, o mais profundo fator de redenção nesse sofrimento positivo e voluntariamente aceito?

É um profundo sentimento de *desconfiança* que o sofrimento cria no elemento *personal* do homem, unido a um nítido sentimento de *confiança* no elemento *universal* dele.

O elemento personal do homem consiste nos *sentidos* e no *intelecto*.

É pelos sentidos que qualquer ser se individualiza, e é pelo intelecto que essa individualização atinge c seu mais alto grau de concentração e intensidade. Os seres infra-humanos são apenas semi-individualizados, porque a sua consciência é infraintelectual, meramente sensitiva, vegetativa ou mineral. Com o advento do intelecto adquire a individualização o seu apogeu. A individualidade, porém, quando crea um ambiente de separatismo — autônomo — isto é, de *personalidade* — é a base do egoísmo. Pelos sentidos torna-se todo ser um egoísta mitigado; pelo intelecto adquire esse egoísmo a sua maior intensidade. O homem é, aqui na terra, o rei dos egoístas, porque o ser é mais intensamente personalizado.

Quando, porém, esse ser altamente personalizado pelo intelecto ultrapassa essa fronteira e entra na zona da Razão, isto é, do Lógos, do Espírito, do Cristo, então entra ele na zona da universalidade e termina todo o seu egoísmo, transformando-se em amor universal e incondicional.

O homem é a sua alma, a qual tem intelecto e corpo.

Eu sou espírito.

Eu tenho intelecto.

Eu tenho corpo.

O espírito sou Eu.

O intelecto é meu.

O corpo é meu.

Ora, não há sofrimento na zona do universal, do espírito, de Deus. E, como o meu verdadeiro Eu é idêntico a Deus, não há sofrimento no meu Eu central.

Todo o sofrimento principia, persiste e termina nos pseudo-eus periféricos, no plano da consciência personal, constituído pelos sentidos e pelo intelecto. Este plano personal, físico-mental, é a única fonte e sede do sofrimento.

É esta a grande verdade que, aos poucos, se vai revelando à visão interna do sofredor que assume atitude positiva em face do sofrimento. Eu sofro porque sou persona; quanto mais eu me personalizar tanto mais sofrerei.

Como então abolir o sofrimento?

Ou pela involução — ou pela evolução!

Ou regredindo e descendo para uma zona inferior, de

infrapersonalidade — ou progredindo e ascendendo a uma zona superior, de ultrapersonalidade, isto é, de universalidade ou consciência cósmica, onde necessariamente termina todo o sofrimento. Para que o homem possa "entrar em sua glória" é indispensável ultrapassar o plano da consciência telúrica, individual, e atingir as alturas da consciência cósmica, universal. Na zona do Lúcifer (intelecto) impera o sofrimento — na zona do Lógos (razão) canta eterna beatitude.

Gautama Siddhartha, antes de se tornar o grande Iluminado, o "Buda", pensava que o fato *objetivo* de alguém ser um indivíduo fosse a verdadeira causa dos seus sofrimentos; só mais tarde, quando absorto em profunda meditação, lhe veio a grande iluminação, a verdade definitiva: compreendeu que o homem sofre, não pelo fato objetivo de ser indivíduo mas sim pelo fato de manter em si uma atitude *subjetiva* de personalismo, de egoísmo.

Quando o homem é apenas Lúcifer (intelecto) sofre pouco; mas, quando o Lúcifer do intelecto se *sataniza*, isto é, se opõe ao *Lógos* (razão), recusando-se a sair do seu egoístico personalismo, então é que acende o inferno nesse ego antirracional, anticrístico, antidivino.

Lúcifer é o intelecto virgem, neutro.

Satã é o intelecto adverso à Razão, é o anti-Lógos, o anti-Cristo.

Pode, pois o indivíduo deixar de sofrer apesar de continuar a ser indivíduo — basta universalizar a sua consciência individual. O indivíduo, depois de atingir a consciência universal, não se desindividualiza; continua a ser indivíduo, mas um indivíduo universalizado.

Deus, pela atividade creadora, se individualiza sem cessar, mas nunca se torna indivíduo.

O homem, pela intuição cósmica, se universaliza sem cessar, mas nunca se torna o Universal.

A vida eterna não consiste numa diluição do indivíduo (homem) no Universal (Deus) — consiste em que o indivíduo, continuando a ser indivíduo, se integra nas consciência universal.

Com essa transição da consciência individual, telúrica, para a consciência cósmica, a *possibilidade* acaba em *impossibilidade*.

Nessa zona universal não existe sofrimento *compulsório* — mas pode existir sofrimento *espontâneo*, no caso em que o homem livremente permita que o sofrimento entre em sua vida, como aconteceu com Jesus, o homem de consciência cósmica pode permitir que o sofrimento lhe entre na vida, porque sabe que não lhe pode fazer mal. Só o poderoso pode permitir essa fraqueza; o fraco tem de fugir quando possível da fraqueza precisamente por não ser assaz poderoso. Quem se sabe invulnerável e superior a todas as derrotas pode permitir derrotas em sua vida, na certeza de que nenhuma derrota o pode derrotar. O sapiente pode aceitar aparência de ignorância, ao passo que o ignorante ou semissapiente deve evitar solicitamente quaisquer indícios de insipiência. O *SER* forte pode permitir o *parecer* em sentido contrário, ao passo que um *ser* fraco procura evitar aparências de fraqueza.

Na zona da consciência universal, só há sofrimento livre quando o sofredor o quer, porque nessa zona o homem é absoluto senhor e soberano do seu ego físico-mental, fonte e sede do sofrimento.

Ora, é precisamente esta a gloriosa conquista realizada pelo sofredor que aceita voluntariamente o sofrimento, porque compreende a função catártica e redentora do sofrimento: ultrapassou definitivamente a fronteira da pequena consciência telúrica e entrou no vasto e luminoso mundo da consciência cósmica onde habita indestrutível certeza, segurança, tranquilidade, paz e felicidade.

A cruz é o eloquente símbolo do Infinito, do Universal — norte, sul, leste e oeste — quatro portas abertas para o Infinito, o Ilimitado, o Eterno. É o "sinal do filho do homem, do homem por excelência, do pleni-homem, que realizou em si a vida plena e universal — o homem cósmico ao qual "foi dado todo o poder no céu e na terra".

Não era possível, naturalmente, que esse homem entrasse em sua "glória" de homem integral sem primeiro passar pelas "inglórias" do homem parcial. O que os seus discípulos de hoje percebem são as inglórias do homem parcial, os sofrimentos de Jesus, ignorando a glória do homem integral, do Cristo glorioso.

Enquanto o homem não enxergar o ressuscitado para além do crucificado, não terá ele em si suficiente segurança e firmeza nas coisas do mundo espiritual, e procurará instintivamente um *ersatz*, um substituto para essa firmeza, recorrendo a adjutórios externos; agarra-se a cerimônias e pompas visíveis, faz finca-pé na letra morta de algum livro sacro, fanatiza-se por fenômenos e mensagens do outro mundo — tudo isto porque lhe falta uma sólida e nítida segurança interna, que só vem da experiência direta de Deus, da intensa vivência do Cristo interno.

A experiência interna está na razão inversa do sectarismo externo.

Quem tem perfeita saúde não necessita de andar com muletas.

Verdade é que também o homem de experiência interna e possuidor de segurança interior costuma tomar parte em culto público e social, porque é da íntima natureza humana manifestar por fora o que lhe vai por dentro; o Cristianismo é o reino de Deus, e não apenas uma experiência individual. Mas, para o homem de experiência espiritual, os ritos externos não são a sua espiritualidade, como são, geralmente, para o inexperiente. Para aquele são reflexos da luz divina, para este são a própria luz.

Quando começará a humanidade a ultrapassar a Quaresma do Jesus doloroso para celebrar a Páscoa do Cristo glorioso?...

Quando compreenderá a humanidade cristã o supremo poder que o Cristo legou a seus discípulos no seu testamento: "A mim me foi dado todo o poder no céu e na terra. Ide, pois, e proclamai o Evangelho a todos os povos, fazendo-os discípulos meus e ensinando-os a observar tudo que vos tenho dito. E eis que eu estou convosco todos os dias até a consumação dos séculos"?

"NÃO TEMAIS AQUELES QUE MATAM O CORPO!"

É ideia quase geral que, com a morte física, o homem entre subitamente num mundo totalmente diferente do que conheceu até então.

Entretanto, a verdade não é esta. A separação dos sentidos orgânicos, que punham a alma em contato direto com o mundo circunjacente da matéria e suas forças, não representa para o homem mudança radical, porque o conteúdo das suas experiências terrestres continua a subsistir intato. As experiências colhidas em 20, 50, 80 anos de vida terrestre são independentes dos objetos que as condicionaram — tanto mais que essas experiências não vieram dos objetos, mas da própria alma, despertadas pelos objetos. O mundo material não é *causa interna*, senão apenas *condição externa* das nossas experiências, e essa condição pode ser substituída por outro ambiente, não menos favorável que o atual. Assim como a luz solar que ilumina uma sala não vem *da* janela, mas do sol, *através* da janela, semelhantemente, as experiências que o homem colhe durante a vida terrestre não brotam dos objetos em derredor, mas nascem das íntimas profundezas da alma.

Entretanto, embora a fonte das nossas experiências, a alma, continue a subsistir inalterável, contudo é certo que a falta dos habituais veículos condutores, os sentidos e os nervos, causará à alma desencarnada uma espécie de desnorteamento inicial. De súbito, vê-se a alma privada dos seus instrumentos familiares de tantos decênios. Como trabalhar agora? de que modo colher conhecimentos? como estabelecer contato entre si e o ambiente, tão alterado?

Em breve responderemos a esses quesitos.

* * *

Outra ideia errônea a respeito da morte é que a separação entre corpo e alma seja acompanhada de grandes sofrimentos. A separação é, quase sempre, um processo indolor, uma suave letargia, uma tranquila e progressiva dormência, um imperceptível deslizar para uma região penumbral de crescente inconsciência.

O que faz da morte uma "agonia", isto é, uma "luta" não é a morte em si mesma, mas esse acervo de erros e superstições que em torno dela se tem acumulado no correr de séculos e milênios. O apego excessivo a bens ou pessoas da terra, e, sobretudo, o cortejo sinistro de horrores que certas religiões crearam em torno do processo natural da transição desta para outra zona da existência, o juízo de Deus, as penas do inferno ou do purgatório — tudo isto converteu um evento natural em sinônimo de angústias e incertezas.

Para o homem que, iluminado pela luz da verdade e do amor, ultrapassou essas fantasias e viveu uma vida dignamente humana, a despedida da vida terrestre não é mais horrível do que a entrada pelo nascimento. Nascer também é uma espécie de morte: a separação da criança do útero materno, ao qual estava solidamente apegada pelo cordão umbilical e sem o qual não podia viver, durante nove meses, é também um processo de “morrer” como a separação do homem adulto do seio materno da natureza terrestre, à qual o prendem numerosos “cordões umbilicais”, bem mais resistentes do que aquele da criança nascitura.

O melhor que o homem pode e deve fazer é desprender-se paulatinamente, ele mesmo, durante a vida, desses vínculos terrenos; ter afeição sem apego; não derivar os seus melhores fluidos vitais desses “cordões” materiais da cobiça, do egoísmo, da luxúria; habituar-se a morrer espontaneamente antes que a morte o faça morrer compulsoriamente.

Quem não morrer espontaneamente, antes de ser morto compulsoriamente, não pode viver gloriosamente.

* * *

Que acontece, pois, quando alguém morre?

Quando um ovinho de borboleta “morre” para esse seu estado primitivo, não morre para dentro da morte, mas “morre” para dentro duma vida mais abundante e bela; quer dizer que a sua morte é, de fato um nascimento ou uma ressurreição. Toda vida maior supõe a morte de uma vida menor. Morre o ovinho para que a lagarta possa viver; mas essa lagarta é o próprio ovo em outro estado, mais perfeito.

Quando, semanas depois, a lagarta também ‘morre” e se imobiliza no pequeno ataúde da crisálida ou do casulo, mais uma vez essa pseudomorte preludia uma nova fase de vida, mais ampla e plena que as duas fases anteriores.

Finalmente, vem a terceira “morte” desse inseto em evolução ascensional, e o ocaso desta terceira fase da vida é a alvorada da vida mais deslumbrante que vai despontar — a borboleta.

Em cada nova metamorfose, o inseto morre com a mesma tranquilidade com que nasce e renasce, porque sabe instintivamente que essas vicissitudes de luz e trevas são necessárias para atingir a plenitude da sua luminosidade final, em forma de lepidóptero alado a adejar, feliz e glorioso, nos espaços ensolarados.

O homem morre cada noite, quando se deita para dormir — e nasce cada manhã quando acorda. Uma insconsciência entre duas consciências.

Assim como o sono não atinge a vida central do verdadeiro Eu, senão apenas as camadas periféricas dos sentidos, assim também a morte não afeta o nosso ser interno, que dá vida aos invólucros externos.

Cemitério, derivado da palavra grega "koimiterion", quer dizer "dormitório". Os que jazem nesse dormitório dormem o sono duma noite temporária. Disto sabia Jesus, disto sabiam e sabem seus verdadeiros discípulos.

Por isto, leitor, quando vês morrer algum dos teus entes queridos, não te entristeças, não chores, não fales em perda, não te cubras de luto. Logo depois fica em silêncio e abisma-te em ti mesmo, acompanhando com a alma a metamorfose de tua "borboleta"... Lava o rosto, veste-te de festa, põe sobre a mesa da sala um ramalhete de flores rodeado de umas velas acesas, e, se tiveres incenso genuíno, lança-o sobre as brasas e canta em silêncio o hino da libertação que a alma de teu ente querido está cantando em jubiloso silêncio. O pior que podes fazer é entristecer-te, ou até "fazer cena", porque estas vibrações de baixa frequência dificultariam o voo da gloriosa "borboleta", prendendo-a desnecessariamente às baixadas terrestres. Deixa-a voar livremente rumo ao Infinito, e não sejas tão egoísta e cruel de a quereres reter contigo na jaula que ela abandonou...

Se tua alma está realmente unida à outra pelo liame do amor, não há nada que de ti possa alhear essa alma querida. Que poder teria a fraqueza da matéria sobre a força do espírito?

* * *

A alma não é atingida pela morte do corpo.

A hora da grande transformação está envolta no véu duma suave *semiconsciência* crepuscular... Tudo lhe parece distante, cada vez mais distante... Tudo vago, longínquo, etéreo... Recuam as paredes do quarto... Perdem-se no espaço os derradeiros sons... Entorpecem as extremidades do corpo... A semiconsciência centraliza-se no coração e no cérebro, últimos redutos da vida material... Por fim, o corpo repousa como um invólucro vazio e a alma parece imersa como num sono profundo...

Desce sobre ela a noite duma paz imensa...

Quanto tempo durará essa noite da inconsciência, ou semiconsciência?

Ninguém o sabe. Para uns é longa, para outros, breve... Depende do modo de vida que alguém levou na terra, depende da qualidade e do conteúdo das suas experiências... Para uma alma firmemente presa ao corpo e à matéria do mundo, causa essa separação um choque violento, uma espécie de hemorragia, de maneira que, por largo tempo, ela não consegue recuperar suficiente consciência para saber o que aconteceu e onde está.

Para outras almas, habituadas ao desapego voluntário, é breve esse estado de inconsciência, porque não houve choque violento.

Quando, então, a alma volta a recuperar a consciência de si, não sabe ainda que se acha fora do seu corpo. O longo hábito de sentir e pensar através da rede material dos nervos orgânicos mantém a alma na ilusão de sentir e pensar ainda através desses veículos. Mesmo quando contempla o seu corpo inerte e frio, não se convence ainda de que esse invólucro não seja mais instrumento dela. Acontece-lhe mais ou menos o mesmo que acontece a uma pessoa à qual foi amputada uma perna; quando desperta da narcose, julga sentir dores na perna amputada, embora esse membro já não tenha ligação alguma com o resto do corpo. Assim, a alma julga ainda por algum tempo sentir e pensar através do seu corpo material, e tanto mais dificilmente se desilude desse erro quanto mais firmemente costumava identificar-se com seu corpo, durante a vida. O homem espiritual, porém, habituado a não identificar o seu verdadeiro Eu espiritual com o seu pseudo-Eu material, logo percebe a verdade do seu novo estado. E essa descoberta não aterra a alma, que, durante a existência corpórea, tenha desenvolvido a sua consciência espiritual; já está ambientada e se sente "em casa".

No caso, porém, que esse veículo mais sutil não tenha sido elaborado, é certo que a alma se sentirá profundamente abalada e desorientada pela ausência do corpo material, sem o qual a vida ulterior parece não ter mais razão de ser nem possibilidade de existência e evolução. Neste caso, a alma forcejará por elaborar um novo corpo físico, a fim de poder novamente gozar a única vida que ela conhece e aprecia. E recomeça então o vasto ciclo de ignorância, erros e sofrimentos, o círculo vicioso que decorre entre o nascer e o morrer, no planeta Terra ou em outro ambiente material.

Positivamente, a vida eterna, a feliz imortalidade não é um presente de berço nem de esquife — tem de ser uma gloriosa conquista da vida conscientemente espiritual. Em última análise, o próprio homem é o autor de todos os seus sofrimentos e de todas as suas glórias.

* * *

No caso que o homem tenha desenvolvido, durante a vida terrestre, um veículo de evolução mais delicado do que esse corpo material, concentrando-se frequente e intensamente no mundo imaterial, verificará com grata surpresa as novas possibilidades inerentes a esse corpo imaterial. E, levado pela lei cósmica da afinidade, se dirigirá espontaneamente àquelas zonas de vida onde outros seres congeniais se acham empenhados em sua evolução ulterior rumo ao Infinito. E dentro em breve essa alma entrará num ambiente propício a seu estado interior. Seres amigos e afins se aproximam e lhe estendem as mãos, entre eles muitos daqueles que, aqui na terra, lhe foram amigos e companheiros.

E enquanto, nas espessas camadas da terra material, o corpo inerte desse homem é chorado como morto, ele mesmo, com o seu corpo mais sutil, é muito mais vivo do que nunca dantes, recomeça a sua jornada evolutiva, cheio de juventude e de entusiasmo.

Dotado de novas faculdades e instrumentos cognoscitivos mais perfeitos, entra em contato com novas zonas desse universo de Deus, zonas que outrora lhe eram total ou parcialmente vedadas.

Verifica, então, que o chamado "outro mundo" não é um lugar distante "deste mundo", mas sim um novo modo de ser do homem e uma nova maneira de agir. Verifica que todos os mundos — material, mental e espiritual — são entrelaçados e interpenetrados, e não separados, justapostos nem sobrepostos uns aos outros; são um só mundo ilimitado. A diversidade não é dos mundos, mas provém da nossa maior ou menor capacidade de percepção. Um ser que possuísse todas as faculdades de percepção veria esses mundos como uma grande harmonia, isto é, unidade com diversidade, um imenso cosmos onipresente.

* * *

Entretanto, esse homem terá de passar pela segunda morte, terá de separar-se mais uma vez do seu corpo, astral, etéreo ou luminoso, e nascer para regiões superiores. Quando esse homem tiver assimilado tudo que assimilar podia, no plano da sua vivência astral, é chegado o tempo para uma nova metamorfose. O ovo, a lagarta ou a crisálida tem de "morrer" mais uma vez para nascer de novo, rumo a uma vida mais plena; tem de passar sucessivamente por períodos de contração e expansão, de inalação e exalação, de passividade e atividade, da introversão e extroversão, prosseguindo na sua "vida eterna" rumo ao seu grande destino.

Pensamentos e desejos são forças creadoras. O nosso futuro corpo será o resultado dos pensamentos e desejos habituais da nossa vida presente. O corpo é a condensação material dos nossos pensamentos e desejos predominantes. Quanto mais elevados forem esses pensamentos e desejos, tanto mais perfeito e belo será o invólucro da nossa vivência futura.

Qualquer corpo é "templo do espírito santo", em que habita o espírito de Deus. Quanto mais esse espírito divino, o nosso Cristo interno, penetrar esse invólucro, tanto mais perfeito será o homem.

"DEIXA OS MORTOS ENTERRAR OS SEUS MORTOS!"

Um dos ouvintes de Jesus é, espontaneamente, convidado pelo Mestre a segui-lo; ele, porém, pede permissão para primeiro enterrar seu pai, que acabava de falecer. Ao que Jesus lhe responde: "Deixa os mortos sepultar os seus mortos — tu, porém, vai e proclama o reino de Deus".

Magnífico esse jogo com a palavra "mortos" tomado em dois sentidos diferentes!

Jesus faz um engenhoso jogo com a palavra "morto", no sentido físico e no sentido metafísico. O pai do convidado estava fisicamente morto; os membros da família que o iam enterrar estavam metafísica ou espiritualmente mortos, ao passo que o candidato ao seguimento de Jesus começava justamente a ressuscitar para uma vida espiritual, e, como recém-vivo, estava em condições de ajudar outros a ressuscitarem também, proclamando o reino de Deus aos ainda-não-vivos, porém vitalizáveis.

Por que, pois, perder ainda alguns dias para enterrar os restos mortais de um corpo humano, falsamente chamado "meu pai"? Não podiam os outros, os ainda-não-vivos no espírito, fazer esse trabalho mortuário?

É este o terceiro dos três candidatos ao discipulado de Jesus; os dois primeiros ofereceram-se espontaneamente para seguir o profeta de Nazaré, mas não são aceitos, por não estarem em condições de abraçar tão árdua tarefa. O primeiro não tinha suficiente desapego dos bens da terra e comodidades da vida; o segundo quer primeiro despedir-se da gente de casa, e tem de ouvir que não é idôneo para o reino de Deus.

Escravos da cobiça e de emoções pessoais não podem ser discípulos do Cristo. O terceiro não se oferece, mas recebe um convite espontâneo de Jesus, e ao que parece aceitou o convite. Também ele quer primeiro voltar para casa, não para dizer adeus aos vivos, mas para prestar um ato de piedade filial a um defunto. Este, porém, é idôneo para o reino de Deus e tem de Jesus ordem categórica de iniciar no mesmo instante a sua missão apostólica, antepondo-a a toda e qualquer outra consideração.

* * *

Vai através de toda a vida de Jesus um quê de indiferença para com sua família e parentela humana; os laços da carne e do sangue, o parentesco meramente físico não têm valor algum para ele. A afinidade espiritual, por outro lado, merece grande importância. O que, realmente, une os homens interiormente adultos são os liames do espírito, e não os vínculos da matéria. Que diria Jesus da imensa importância e do culto hiperbólico que uma grande parte do Cristianismo tributa àquela que apenas lhe deu o elemento material, humano, e não o elemento divino? Inúmeras vezes se refere Jesus a sua co-espiritualidade com o Pai celeste, nenhuma vez à consanguinidade com sua mãe terrestre.

A importância que um homem dá ao parentesco material, ou então à afinidade espiritual, é bem um teste e uma pedra de toque da fraqueza ou da força do seu Cristianismo.

Nós que ainda vivemos escravizados pelos elementos primitivos do plano físico-mental dificilmente compreendemos essa atitude do Mestre, que, não raro, fere a nossa humana sensibilidade. Para compreendê-lo teríamos de estar no plano de consciência em que c Cristo se encontrava. Só se sabe e se compreende de fato aquilo que se vive e que se é. Nenhuma coisa apenas percebida pelos sentidos e entendida com a cabeça, isto é, o intelecto, é propriedade nossa, porque não se identificou conosco. Nosso, eternamente nosso é só aquilo que vivemos nas íntimas profundezas do nosso ser.

Os livros sacros empregam a palavra "morte", "morrer" para designar o estado do homem que só vive na ego-consciência, e não entrou ainda na cosmo-consciência. Assim, diz Deus a Adão: "Se deste fruto comeres, morrerás" — mas Adão comeu do fruto proibido e continuou ainda a viver diversos séculos. O sentido é este: se entrares na zona do conhecimento do bem e do mal, que é a ego-consciência, não te tornarás imortal. A imortalidade só vem da "árvore da vida", que é a consciência espiritual.

O filho pródigo estava "morto e reviveu", estava no ego mental e passou para o Eu espiritual.

O Cristo virá para julgar "os vivos e os mortos" — tanto os ego-conscientes (mortos) como os cosmo-conscientes (vivos).

"NINGUÉM PÕE REMENDO NOVO EM ROUPA VELHA"

O calendário da sinagoga de Israel marcava dia de jejum. E todos obedeciam a essa injunção externa e jejuavam.

Todos — menos Jesus e seus discípulos.

Foi um escândalo! O profeta de Nazaré, que se dizia o Cristo, o filho de Deus, desprezava as leis da igreja do seu povo, e, como agravante, induzia os seus discípulos ao mesmo pecado.

Resolveram os escandalizados mandar uma deputação à presença do Nazareno para exigir dele uma satisfação. Cautelosamente, dirigiram a pergunta aos discípulos dele: "Porque é que vós e vosso mestre não jejuais?".

Jesus, entreouvindo a objurgatória, responde-lhes: "Será que podem jejuar os convidados às núpcias enquanto está com eles o esposo? Mas lá virão tempos em que o esposo lhes será tirado, e, nesse tempo, também eles hão de jejuar".

Quem é esse esposo? quem são esse convidados? que núpcias são essas?

Não condena Jesus a praxe antiquíssima e salutar de jejuar para fins espirituais; pelo contrário, afirma que também os seus discípulos jejuarão. O que o Mestre rejeita é o mecanismo do jejum, como era praticado por seus adversários. Isto de jejuar automaticamente, porque está marcado no calendário eclesiástico, não é do espírito do Nazareno. Tudo que ele faz é por um impulso interno, e não por compulsão externa. A lei não é para ele uma norma de fora, mas sim uma necessidade de dentro. Ele vive inteiramente na atmosfera da "gloriosa liberdade dos filhos de Deus".

Também os discípulos jejuarão — quando?

Quando lhes for tirado o esposo, isto é, quando eles sentirem em si desolação e aridez espiritual, oriundas da falta da consciência da presença de Deus. Quando a alma se sentir como que cercada de trevas noturnas, sem suavidade, sem o conforto da serena certeza da presença de Deus — então fará o discípulo do Cristo todo o possível para reaver a consciência da presença do divino Esposo; jejuará e orará até que volte o Esposo e lhe dê novamente a certeza da sua presença.

Jejum e oração são, entre todos os povos, considerados meios de purificação moral e espiritualização. Hoje, muitos abandonaram a prática do jejum, porque não lhe conhecem o sentido; outros praticam-no com o fim de mortificar a carne e fazer penitência por seus pecados. Entretanto, o verdadeiro jejum é metafísico, como expusemos em outro capítulo deste livro. Jesus sabia que o jejum unido à oração é um meio poderoso para intensificar a consciência espiritual, contanto que seja feito por um impulso interno, e não simplesmente por uma imposição externa.

* * *

Depois disto, para melhor clarificar o seu pensamento, recorre Jesus a duas comparações cuja simplicidade rivaliza com sua grandeza. Uma dessas comparações foi ele buscar na cestinha de costuras de sua mãe, a outra no bazar de algum negociante de vinhos.

"Ninguém põe remendo novo de pano cru em roupa velha; porque, do contrário, o remendo de pano cru (encolhendo-se) arranca parte da roupa e fica pior o rasgão. Ninguém deita vinho novo em odres velhos; porque, do contrário, o vinho novo rompe os odres, vasa o vinho e perdem-se os odres; não, vinho novo se deita em odres novos, e assim ambos se conservam".

Que é esse remendo novo e esse vinho novo?

Que é essa roupa velha e esses odres velhos?

O Evangelho de Jesus Cristo é algo tão novo e inédito que não é possível cosê-lo na roupa velha ou deitá-lo nos odres gastos das usanças rituais da sinagoga de Israel — no caso presente, o jejum obrigatório a que os chefes eclesiásticos queriam compelir os discípulos dele.

O verdadeiro Cristianismo do Cristo não é algum conserto precário, alguma remendação deste ou daquele rasgão na roupa puída do ritualismo tradicional; mas é uma veste nupcial inteiriça e totalmente nova; não é uma rotineira continuação de coisas velhas, mas o início de um mundo novo, de um universo original e inédito, aljofrado ainda do orvalho virgem da alvorada cósmica...

Queriam os chefes da sinagoga que Jesus acrescentasse mais algum retalho à velha colcha de retalhos que era, nesse tempo, a igreja de Israel, tão vazia de espírito divino e tão repleta de preceitos humanos.

A sinagoga de Israel era a religião do tu deves, tu não deves — ao passo que a mensagem do Cristo é a religião do eu quero. Os dez mandamentos de Moisés se resumem na ideia de um dever compulsório, ou antes de um não-dever: não deves matar, não deves adulterar, não deves mentir.

O jovem rico pergunta a Jesus "que devo fazer", e o Mestre responde "se queres ser".

Quem cumpre o seu maldito dever é um bom escravo — quem realiza o seu bendito querer é um homem livre.

Após o ocaso do *tu deves*, desponta a alvorada do *eu quero*. Enquanto o homem profano marca passos no plano horizontal do seu dever compulsório nada sabe ele da "gloriosa liberdade dos filhos de Deus", que começa com a vertical do iniciado no *querer espontâneo*.

O ego humano só conhece o dever — o Eu divino se guia pelo querer.

“TEU OLHO É A LUZ DO TEU CORPO”

Estas e as seguintes palavras de Jesus são um dos maiores mistérios do Evangelho e denotam uma experiência intuitiva de grande profundidade. Tão enigmáticas são estas palavras que numerosos tradutores e intérpretes se desnorteiam diante delas e tateiam na escuridão, forcejando por descobrir um sentido aceitável por detrás desse texto.

A interpretação quase geral entre nós é a seguinte: O olho significa a nossa boa intenção interna; o corpo significa os atos externos; enquanto for boa e reta a nossa intenção, os nossos atos também são bons; mas, se a nossa intenção for má, maus também serão os nossos atos, porque os atos revestem o caráter da atitude.

É esta talvez a interpretação mais razoável, no plano da teologia escolástica, em que se encontra, hoje em dia, o grosso da cristandade do ocidente.

Traduzindo fielmente o texto grego do primeiro século, temos o seguinte:

“Teu olho é a luz (ou, lâmpada) do teu corpo. Se o teu olho for simples, está em luz todo o teu corpo; mas, se o teu olho se tornar mau, está em trevas todo o teu corpo. E, se a própria luz que em ti está se converter em trevas — quão grandes serão essas trevas!".

O que há de mais estranho nesse texto é a oposição de "simples" a "mau". Esperaríamos que, em lugar de "mau", figurasse "complexo" ou "composto" como contrário de "simples".

Lembremo-nos de outras palavras do Mestre: "Sede inteligentes como as serpentes, e simples como as pombas". Aqui ele opõe "inteligente" (*frónimos*, sagaz, astuto, calculador) a "simples". O homem físico-mental é "inteligente", ao passo que o homem racional ou espiritual é "simples". Se compararmos os dois textos, resulta que o "simples" figura em ambos como apanágio do homem racional, espiritual, cósmico, enquanto o "mau" ou "inteligente" caracteriza o homem meramente físico e mental. Lúcifer, quando adversário do Cristo, é Satan, o Mau, o Maligno, o Príncipe das Trevas. Onde dominar o intelecto humano, sem ou contra a Razão divina, aí há "trevas", porque o intelecto é a consciência individual, unilateral, egoísta, ao passo que a Razão, o Lógos, o Cristo, é a consciência universal, onilateral, altruísta, o amor.

Convém, antes de tudo, esclarecer o que Jesus entende por "olho" (*oftalmós*). Embora o símbolo seja tomado do olho físico, corpóreo, o simbolizado refere-se ao olho metafísico, espiritual. Por esta razão também não diz "olhos" (no plural, mas "olho" no singular). No mundo espiritual não há órgãos visuais, mas um só "olho", uma visão única, que os iniciados denominam o "olho simples", ou o "olho espiritual", que é uma faculdade da alma, e cujo reflexo é localizado na base da testa, entre as sobrancelhas. Esse "olho simples" é também chamado o "olho do Cristo", ou o "olho espiritual", como ocorre frequentemente nos escritos do místico espanhol, San Juan de la Cruz, e de outros iniciados. Esse "olho simples" não é um órgão corpóreo, que nunca poderia ser simples, mas é uma faculdade espiritual, uma potência divina, uma antena de alta receptividade. Deste ponto de partida se ramifica uma rede de nervos e irradia uma torrente de fluidos que invadem e permeiam o cérebro, culminando no "lótus de mil pétalas", as últimas ramificações nérveas, que captam as vibrações das ondas divinas.

* * *

Diz, pois, o grande Mestre que o olho espiritual é a luz do nosso corpo, da nossa vida; é ele "a luz que ilumina a todo homem que vem a este mundo", pois é o "olho do Cristo". "A luz brilha nas trevas, e as trevas não a prenderam", não a extinguiram. A luz espiritual só pode funcionar como iluminadora da matéria enquanto ela conservar a sua natural simplicidade.

Se o "olho simples" deixar de ser simples, ele se torna "mau", descendo das alturas da pura racionalidade para as baixadas da impura intelectualidade. Se a própria simplicidade racional se complicar intelectualmente, se a ingênua candura da pomba se emaranhar na calculada sagacidade da serpente", "se o sal se desvirtuar", se a luz se extinguir, como a das cinco virgens tolas — então essa luz, que era boa enquanto simples, se torna má, porque complicada — e quão grandes devem ser as trevas na vida dum homem no qual se apagou a luz do mundo!

"O FILHO DO HOMEM NÃO TEM ONDE RECLINAR A CABEÇA"

Estas palavras de Jesus são usadas e abusadas por escritores e pregadores para frisar a extrema pobreza do Nazareno, mais indigente do que as raposas em suas cavernas e as aves em seus ninhos. É que o mundo cristão do século vinte está ainda sob o impacto da ideologia medieval, infantil, quando os teólogos tentavam levar os homens em seguimento de Jesus por motivos de piedade e compaixão; amar a Jesus era ter pena da sua grande pobreza e dos seus sofrimentos.

Entretanto, o que o Nazareno frisa nestas palavras não é a sua pobreza *externa*, *objetiva*, mas a sua atitude *interna* e *subjetiva*, isto é, o seu espontâneo desapego dos bens materiais, que, para a maior parte dos homens, formam o cobiçado alvo da desenfreada lufa-lufa cotidiana. A sua "pobreza pelo espírito", a sua "pureza de coração", a sua "gloriosa liberdade dos filhos de Deus", eram absolutas.

Quando certo homem, de índole emocional e um tanto melodramática, manifestou a vontade de seguir o Nazareno aonde quer que ele fosse, fez-lhe ver Jesus que esse seguimento firme e constante supõe uma atitude interna de completo desapego dos bens externos que garantem conforto material e prestígio social no mundo. O genuíno discípulo do Cristo deve ter alma de aventureiro, disposto a se jogar, de olhos fechados, ao tenebroso abismo do nada das coisas materiais, na certeza de que nesse nadir do mundo visível encontrará o zênite do mundo invisível. Essa fé, é claro, supõe o maior heroísmo da alma de que é capaz um ser humano. Aquele candidato de que nos fala o Evangelho não parece ter sido alma de aventureiro incondicional; nutria alguma segunda intenção; esperava alguma vantagem, algum conforto material...

Através de toda a filosofia espiritual do Evangelho vai este pensamento: o que é decisivo não é *aquilo que* o homem possua ou não possua, mas o *modo como* o sabe possuir ou não possuir. A arte de possuir corretamente o que se possui, ou de não possuir às direitas o que não se possui, é talvez a mais difícil de todas as artes. O que divide a humanidade em dois grandes campos não é a posse ou falta de *posse* de *bens terrenos*; o grande abismo não medeia entre a classe superior dos ricos e a classe inferior dos pobres, não; porque tanto estes como aqueles podem ser igualmente escravos, uns do que possuem, outros do que não possuem mas anseiam loucamente possuir. É possível até que um mendigo seja mais escravo daquilo que não possui do que um milionário daquilo que possui. Os objetos externos, possuídos ou não possuídos, são feitos de *quantidades*; mas a atitude interna com que o sujeito os possue ou não possui é feita de *qualidade*; ora, as quantidades externas não são reais em si mesmas, enquanto a qualidade interna é intrinsecamente real; daí a grande diferença entre o *que* e o *como* da posse ou do seu contrário. E como toda a filosofia do Evangelho é essencialmente *qualitativa e verticalista*, e não *quantitativa e horizontalista* como a nossa política, compreende-se o procedimento do Nazareno para com um candidato que parecia bem intencionado, mas, na realidade, não era idôneo.

Muitos compreendem que é difícil ser corretamente pobre, poucos percebem a imensa dificuldade que há em ser corretamente rico. Não encontramos nas páginas do Evangelho uma só palavra sobre a dificuldade de ser pobre às direitas, mas lemos que "é mais fácil um camelo passar pelo fundo duma agulha do que um rico entrar no reino dos céus".

Certo dia, convidou Jesus um jovem, que era incorretamente rico, a conquistar um "tesouro nos céus" — mas o jovem falhou tristemente.

No caso a que se refere o título deste parágrafo insinuou ele a um entusiástico candidato ao discipulado espiritual que era arte difícil possuir menos que as raposas e as aves.

Tanto neste como naquele caso, os candidatos recuaram em face da dificuldade de serem pobres pelo espírito e puros de coração.

Que o homem possua muitas ou poucas coisas não determina o seu valor ou desvalor; o que é decisivo, já o dissemos, é o modo como ele saiba possuir ou não possuir o muito ou o pouco. O fato externo de possuir ou não possuir é um simples ter ou não ter — mas o modo interno como o homem possui ou não possui afeta o seu íntimo *ser*.

* * *

Três atitudes são possíveis em face dos bens materiais: 1) pode o homem possuí-las *interessadamente interessado*; 2) pode despossuir-se delas *desinteressadamente desinteressado*; 3) e pode possuí-las *desinteressadamente interessado*. Abreviando os termos extensos, poderíamos chamar o primeiro estado: *ii*; o segundo: *dd*; e o terceiro: *di*.

No primeiro caso (ii), o homem, propriamente, não possui os bens materiais mas é antes por eles possuído; a sua atitude não é ativa, mas passiva; ele é um possuído, e não um possuidor, embora esse homem se tenha, erradamente, na conta de um possuidor autônomo e independente. Não são os bens materiais que servem a esse homem, é ele que serve a esses bens. Ora, quem serve é servo, escravo. E quem serve à matéria não pode servir ao espírito, porquanto "não podeis servir a Deus e às riquezas", embora as riquezas possam e devam servir a quem serve a Deus.

No segundo caso (dd), o homem, reconhecendo a dificuldade que há em possuir sem ser possuído, corta o mal pela raiz, despossuindo-se de vez de todas as posses; e assim, longe e liberto de toda a matéria tentadora, pode o homem viver em completa liberdade, como ele pensa. O fato, porém, é que esse próprio medo que ele tem dos bens materiais, e que o levou a essa radical deserção desses bens, é também uma escravidão e escravização. Esse homem é livre, sim, dos bens materiais, mas não está liberto do medo desses bens; quer dizer que não é perfeitamente livre, porque todo medo é escravizante.

No terceiro caso (di), o homem alcançou o mais difícil dos triunfos, interessando-se desinteressadamente pelas coisas do mundo; tem íntima e sincera afeição a tudo que faz parte da vida terrestre, mas não está apegado a nenhuma das coisas externas. Não foge dos bens materiais, porque a sua força espiritual é tão grande que nada tem que temer da ofensiva desses bens, que lhe estão perfeitamente sujeitos; e o homem desinteressadamente interessado se serve desses bens com absoluta liberdade e soberania. Ele os possui sem ser por eles possuído. Interessa-se por tudo que faz da vida terrestre uma vida plena e bela, mas de tal modo que o mais vivo e dinâmico interesse pela ciência e arte, pelo comércio e pela indústria, pelo bem-estar individual e pela fama social, em nada lhe destrói a liberdade interior e o sereno equilíbrio do seu Eu integral; intensamente afeiçoado a tudo, não é apegado a nada...

É esta, sem dúvida, a vitória máxima que um homem possa alcançar; é este o Cristianismo genuíno e integral, a 100%, a proclamação do reino de Deus sobre a face da terra.

Ser interessadamente interessado é próprio dos profanos e analfabetos do espírito.

Ser desinteressadamente desinteressado é característico dos austeros ascetas que vão firmemente em demanda do reino de Deus, e, algum dia, o alcançarão plenamente.

Ser desinteressadamente interessado é privilégio dos acadêmicos e universitários do espírito, os que sabem por experiência pessoal que, embora o reino de Deus não seja deste mundo, ele contudo está neste mundo e aqui é que deve ser realizado, neste e em todos os outros mundos de Deus.

"O Cristianismo é uma afirmação do mundo — que passou pela negação do mundo."

* * *

Uma coisa, porém, é certa e importante: que ninguém consegue possuir os bens terrenos sem ser por eles possuído, se, no princípio, não se despossuir, total e irrevogavelmente, de si mesmo, do seu pseudo-ego físico-mental, por meio de uma luminosa compreensão do seu verdadeiro Eu divino, compreensão essa que é idêntica a um grande e universal amor. Enquanto um homem ainda pertence a si mesmo, a seu falso Eu não pode deixar de pertencer ao mundo, porque o seu pseudo-ego não é senão uma parte desse mundo. E pertencer ao mundo fora ou dentro de si é escravidão. Um escravo, porém, não pode possuir o reino de Deus, que é o reino da infinita liberdade. Só quem se desprende completamente do seu psedo-ego físico-mental é que pode, tranquila e seguramente, possuir o mundo sem o menor perigo de ser possuído pelo mundo.

Só posso possuir com liberdade o que é *meu* depois de me despossuir do meu *falso Eu* e entrar na posse do *verdadeiro* Eu.

Pelo que, para o profano e inexperiente, é sumamente perigoso rejeitar a disciplina ascética da renúncia, sob pretexto de ser um homem livre e independente. O que ele chama liberdade e independência é a pior das escravidões, e tanto mais funesta quanto mais ele considera essa própria escravidão como liberdade, fechando assim todas as portas para a libertação. Para que um escravo possa ser libertado, é necessário que primeiro reconheça a sua escravidão, como escravidão, e não se iluda apelidando liberdade a escravidão, chamando luz as trevas, saúde a doença, palácio um cárcere. Pode um encarcerado dourar artisticamente as grades férreas da sua prisão e pintar nelas, com letras de ouro, a palavra "Palácio" — nem por isto deixa o cárcere de ser um cárcere.

É, pois, melhor reconhecermos sinceramente que somos escravos dos sentidos e da mente e trabalharmos sem cessar por nos libertarmos, paulatinamente, dessa escravidão, mediante a renúncia espontânea e o desapego voluntário de tudo que nos escraviza. Depois dessa grande obra de emancipação é que poderemos, realmente libertos e livres, possuir as coisas que nos possuíam, já agora sem perigo de sermos novamente por elas possuídos.

"O Cristianismo é uma afirmação do mundo que lassou pela negação do mundo." (Schweitzer).

"Abandona o mundo! depois recebe-o de volta, purificado, das mãos de Deus!" (Gandhi).

"SERVO BOM E FIEL — SERVO MAU E PREGUIÇOSO"

A parábola dos talentos é uma das maiores obras-primas da filosofia cósmica do Evangelho. Nela celebra a verdade da creatividade e do livre-arbítrio humano o seu maior triunfo.

Cada um dos três servos recebeu determinadas potencialidades ou poderes creativos.

Um recebeu 5 talentos ou potencialidades; outro recebeu 2; e o terceiro recebeu uma potencialidade.

A distribuição é desigual desde o início. O Uno Infinito do Universo distribui o Verso dos Finitos desigualmente. Não há duas creaturas iguais, porque o Universo não gosta de monotonia, e sim de harmonia, que é a unidade na diversidade.

Dizer que nessa distribuição desigual haja "injustiça" é desconhecer a natureza do Universo. Deus, Uno, não faz algo por ser justo, mas o que Deus faz justo pelo fato de ele o fazer. Deus, não tem de prestar contas da distribuição dos seus bens. Tudo o que ele faz é *ipso facto* justo.

O primeiro servo, que recebera 5 talentos ou potencialidades, devolve 10, sendo 5 de Deus, e 5 dele — por sinal que a creatura humana é uma creatura creativa e não apenas creada, como são as creaturas da natureza infra-hominal.

E esta atualização das suas potencialidades creadoras mereceu ao servo o louvor: "Servo bom e fiel. entra no gozo do teu senhor".

O mesmo aconteceu com o segundo servo, que recebera 2 talentos ou potencialidades, e devolveu os talentos recebidos mais os 2 por ele creados.

O terceiro servo, porém, que recebera um talento, não duplicou creativamente o seu talento, mas devolveu apenas ao dono o que do dono recebera. E teve de ouvir as palavras aniquiladoras: "Servo mau e preguiçoso".

Por que mau e preguiçoso?

Porque, sendo creatura potencialmente creadora, não foi atualmente creadora; procedeu como se não tivesse creatividade, como se fosse apenas uma creatura creada, um animal qualquer, que só pode devolver a Deus o que de Deus recebeu. O terceiro servo procedeu anticosmicamente, porque, segundo as leis eternas e divinas, quem pode, deve, e quem pode e deve e não faz crea débito — e todo débito gera sofrimento. O terceiro servo podia e devia duplicar o seu talento, mas não o fez — e isto é ser mau e culpado.

E, sendo que ele se portou como se fosse animal, creatura apenas creada e não creadora, este servo perdeu a sua creatividade humana e foi degradado a uma creatura não creadora; perdeu a sua hominalidade e foi reduzido à animalidade: "Tirai-lhe o talento que tem! Porque quem não tem (atualização) perderá até aquilo que tem (potencialidade)".

Hoje em dia, aparecem numerosos livros para provar que o homem não tem livre-arbítrio, que a liberdade é uma ilusão, um mito.

Estes livros se baseiam num equívoco fundamental; confundem a liberdade *potencial* com a liberdade *atual*. Todo homem normal é potencialmente livre, que é um presente de berço. Mas a liberdade atual é uma conquista da consciência.

Ai do homem que não atualizar a sua liberdade potencial! Ai do homem que sair da vida terrestre com a mesma liberdade potencial com que nela entrou! "Servo mau e preguiçoso" perderá até a sua liberdade potencial, perderá a sua hominalidade creadora e se tornará uma simples creatura creada, que não é um ser humano.

Quem pode, deve; e quem pode e deve e não faz, cria débito, culpa, carma — e todo débito gera sofrimento.

"MEU JUGO É SUAVE E MEU PESO É LEVE"

"Vinde a mim todos vós que sofreis e andais sobrecarregados, e eu vos aliviarei; porque o meu jugo é suave e meu peso é leve — e achareis descanso para as vossas almas."

Atingem estas palavras as ínfimas raízes e as supremas culminâncias do Cristianismo. Nelas se cristaliza a mais pura filosofia cósmica do Evangelho.

"Vinde a mim, todos vós que sofreis e andais sobrecarregados!"...

E quem não seria do número desses sofredores sobrecarregados? Não é necessário ser discípulo do Buda, advogado máximo do sofrimento universal, para concordar em que a vida terrestre está dilacerada de dores de todo gênero. Nem é mister maldizer, como Schopenhauer, rei dos pessimistas, a vida humana por causa das suas sombras. Há outra solução — e aqui a temos: Vinde a mim — a Cristo, o grande sofredor e o grande vencedor — para encontrardes alívio na dor e descanso para a alma.

Mas, como podem todos os homens ir ter com o Cristo? se esse Cristo se retirou da terra há quase dois milênios? Onde está ele? Na Palestina, em Belém, Nazaré, Jerusalém? Não, lá não está ele, nem mesmo o seu corpo, senão apenas o túmulo vazio, mas não o Cristo vivo que promete alívio e descanso no meio dos sofrimentos.

No entanto, esse convite que ele fez à humanidade de todos os tempos e países supõe a possibilidade de irem todos, todos sem exceção, ter com o Cristo, como seus discípulos daquele tempo, como Maria e Marta de Betânia, como Maria de Mágdala, como Zaqueu de Jericó, como Nicodemos de Jerusalém, como o bom ladrão no alto do Calvário, como Saulo de Tarso...

É evidente, pois, que esse convite e essa promessa supõem a universalidade e onipresença do Cristo. Confirmam as palavras de despedida do Mestre: "Eu estou convosco todos os dias até a consumação dos séculos"; ou estas: "Onde quer que dois ou três estiverem reunidos em meu nome, lá estou eu no meio deles"; ou ainda estas: "Eu estou em vós, e vós estais em mim".

Não é o Jesus humano que nos convida, o Jesus individual, localizado num determinado ponto; não, mas é o Cristo universal, onipresente, eterno, que está conosco e nos quer aliviar. É o divino Lógos, o Verbo, a Vida, a Luz "que ilumina a todo homem que vem a este mundo" e que dá àqueles que a recebem "o poder de se tornarem filhos de Deus".

Uma só coisa é necessária para que o homem tenha o seu encontro com esse Cristo aliviador e redentor: o ingresso dentro de si mesmo, o contato direto com o elemento divino dentro do homem, a alma, o descobrimento do Cristo interno, do Emanuel, do "Deus em nós". "Não sabeis, porventura, que sois templo do Espírito Santo e que o espírito de Deus habita em vós?"

Se é verdade, como disse o Mestre, que "o reino de Deus está dentro de nós"; se é verdade o que disse um dos seus grandes discípulos, que "a alma humana é cristã por sua própria natureza" — então é claro que cada um de nós pode, em qualquer lugar e a qualquer tempo, encontrar-se com o Cristo e dele receber alívio em seus sofrimentos e descanso para sua alma.

* * *

E, quando o homem se encontra com esse Cristo eterno e interno, que acontecerá? libertar-se-á de todo sofrimento? jogará fora a sua cruz? Sacudirá o jugo da vida?

Não, nada disto acontecerá, durante a nossa vida terrestre. Por ora, o efeito do encontro com o Cristo será outro. O homem continuará a carregar a cruz do Cristo, mas fará a surpreendente descoberta que essa cruz é uma cruz suave; o peso da vida terrestre continua, mas o homem cristificado descobrirá que esse peso se tornou leve e é precisamente nessa suavidade e nessa leveza que o homem encontrará alívio e descanso. O alívio e descanso não consistem em que não haja mais sofrimento, cruz, jugo, peso, sacrifício, mas consiste no fato estranho de se ter tornado leve, suave, fácil, tudo isto que, anteriormente, lhe era pesado, amargo, difícil.

Basta que o *sujeito* mude — e todos os *objetos* aparecem mudados.

Basta que o homem entre nessa maravilhosa e etérea "leveza" que sempre acompanha a espiritualidade — e o mundo inteiro lhe é leve, luminoso, sorridente. Pois, o homem não enxerga as coisas como elas são, mas assim como ele é. Se eu sou pesado, amargo, inquieto, todas as pessoas e coisas que me rodeiam parecem pesadas, amargas, inquietas; mas, se eu me tornar leve, suave, tranquilo, todas as pessoas e coisas do meu mundo serão leves, suaves e tranquilas. O egoísmo é pesado e faz tudo pesado — o amor é leve e faz tudo leve.

É esta a divina alquimia praticada pelos filhos de Deus, pelos verdadeiros iniciados no reino dos céus: transmudar todos os objetos externos pela potência do sujeito interno, espiritualizar o mundo material, iluminar as trevas, estender arco-íris de sorrisos sobre dilúvios de lágrimas, trazer esperanças em pleno desespero, suscitar vida nova em velhos cemitérios, transformar negros ataúdes mortuários em alvejantes berços de vida nova...

Tentavam os alquimistas antigos transmudar um elemento material em outro elemento material, sobretudo ferro em ouro — mas o homem cristificado conhece outra alquimia, muito mais sublime: transmuda o mundo material em espiritualidade, torna suave o que era amargo, e leve o que era pesado, transforma ódio em amor, morte em vida, tristeza em alegria, inferno em céu...

* * *

Há uma ética *pré-mística* — e há uma ética *pós-mística*. Aquela é simplesmente intelectual e volitiva— esta é racional e espiritual. Aquela faz o bem, pesadamente, por *dever* — esta faz o bem, levemente, por *querer*. Aquela age sob a dolorosa compulsão da lei — esta age sob o jubiloso impulso do *amor*. Aquela é amarga medicina que o homem ético ingere forçadamente — esta é deliciosa iguaria que o homem espiritual toma com espontânea liberdade.

A ética pré-mística arrasta-se vagarosamente sob o peso da cruz — a ética pós-mística voa, célere e jubilosa, realizando com amor e entusiasmo todas as coisas.

O que se faz pesadamente, por dever, não tem garantia de solidez e perpetuidade — o que se faz levemente, por querer, tem absoluta garantia de solidez e perpetuidade, porque o amor e a felicidade interna são infalível garantia de continuidade. Só o que nasce duma profunda felicidade é que tem garantia de eternidade.

* * *

Muitos humanos viajores abandonam o Egito da escravidão antiga e anseiam pela Canaã da nova liberdade, a "gloriosa liberdade dos filhos de Deus". Mas, quando verificam que entre a escravidão e a liberdade medeia um deserto intenso de disciplina espiritual — quiçá 40 longos anos, uma vida inteira — desanimam logo à entrada do grande ermo. Alongam os olhos para além, e adivinham vagamente, a uma distância enorme, as maravilhas da Terra de Promissão — volvem os olhos para trás, para a propínqua terra da escravidão antiga, percebem ainda o cheiro das panelas de carne com cebola — e voltam atrás. Outros vão até ao Mar Vermelho, rubro como sangue; outros vão até ao sopé do Sinai — mas o peso das coisas materiais que conhecem prevalece sobre a leveza das coisas espirituais que apenas vislumbram ao longe...

É perigosa prática a de certos diretores espirituais que tentam consolar, ou antes engodar, um peregrino terrestre com a descrição das delícias celestes que, um dia, possuirá. Um dia — mas quando? daqui a 10 anos? a 20, 50 anos, só depois da morte? E onde possuirá ele essas delícias celestes? onde está o céu? não é um lugar incerto e problemático?

E o pobre viajor do deserto da disciplina espiritual, da vida ética, prefere as coisas certas e concretas do Egito às coisas incertas e vagas de Canaã... Prefere a farta escravidão à austera liberdade... Poucos, pouquíssimos têm a sobre-humana coragem de sacrificar os bens palpáveis da vida presente pelos bens impalpáveis da vida futura. Quem apenas crê nessa vida futura e nunca a experimentou e viveu direta e imediatamente, acabará por sucumbir à prepotência dos gozos materiais.

Onde está o erro dessa "direção espiritual"?

Está no fato de se pintar aos humanos viajores terrestres vida eterna como algo *futuro*, *longínquo* — e não como algo *presente e propínquo*. A vida eterna deve começar agora e aqui mesmo, em pleno deserto da vida terrestre, e fazer dela um "deserto vivente" como diz Walt Disney, em sua película "The Living Desert". A vida eterna não é um presente de berço nem de esquife — é uma conquista da vida entre esses dois polos extremos. Não é o *nascer* nem o *morrer* que me pode fazer entrar na vida eterna, mas é o próprio *viver*. Vive-se eternamente vivendo intensamente, plenamente, integralmente.

Este mesmo deserto árido e monótono da disciplina espiritual é que pode e deve ser transformado num "deserto vivo". A Terra da Promissão vem de dentro de mim mesmo, e não de fora. Não é um prêmio externo que, daqui a meio século, me seja conferido pelo bom comportamento de hoje, não! a vida eterna é uma gloriosa realização interna, dentro de mim mesmo, a plena e definitiva maturação do meu Eu espiritual.

Que é a vida eterna? O Mestre de Nazaré a define nestes termos: "A vida eterna é esta: conhecerem-te (os homens), ó Pai, como o único Deus verdadeiro, e o Cristo, teu Enviado". Ora, se a vida eterna é o conhecimento intuitivo de Deus em si mesmo e na sua manifestação máxima no mundo, por que não poderia eu, agora mesmo e aqui em pleno deserto, ter esse conhecimento de Deus? O deserto não é empecilho, é antes auxílio para esse conhecimento. Mais alto fala Deus no silêncio do ermo do que no ruído do Egito. Onde está Deus lá está a vida eterna, a glória, a grandeza, a beatitude; ora Deus está integralmente aqui onde eu estou, em pleno deserto; logo Deus e a vida eterna com todas as suas glórias e grandezas estão aqui mesmo, e não há necessidade alguma para esperar encontrá-los, daqui a meio século, em alguma região distante.

Se esta vida de disciplina espiritual ainda me parece um deserto árido e monótono, é unicamente porque eu ainda não descobri a Deus em mim.

Deus está presente a mim — mas eu ainda estou ausente de Deus. No dia em que eu me tornar presente ao Deus sempre-presente — quer dizer, quando descobrir a Deus pela vivência íntima — saberei com absoluta certeza e clareza que não há deserto lá onde está Deus com toda a sua plenitude, vida e amor. O descobrimento de Deus no deserto acabará definitivamente com o deserto, porque onde Deus está não há deserto. Deus não é o Deus do vácuo e da pobreza — Deus é o Deus da plenitude e da riqueza.

O problema não está em atravessar o deserto e entrar em Canaã — o problema está em descobrir Canaã dentro deste mesmo deserto, e não ter já necessidade de alongar os olhos para longínquos horizontes além. Quem descobriu o seu divino "Além-de-dentro" não necessita de andar em busca de algum divino "Além-de-fora".

Quem descobriu o seu Cristo interno transformou o deserto em oásis, o ermo em exuberância, a aridez em fecundidade, a indigência em opulência, a vacuidade em plenitude, a tristeza em alegria...

E, embora continue a carregar o jugo e o peso do Cristo, nada sente da amargura e do fardo com que outros, não iniciados, gemem sob a sua cruz...

Em pleno sofrimento vive uma vida de alívio e descanso — esse homem cristificado...

"Vinde a mim, todos..."

"NÃO DEVIA ENTÃO O CRISTO SOFRER TUDO ISTO — E ASSIM ENTRAR EM SUA GLÓRIA?"

O nosso Cristianismo vive ainda na Idade Média. Para a maior parte dos cristãos, o principal motivo para amarem e seguirem ao Cristo é o senso de pena, dó, comiseração, para com o "rei dos mártires", o "varão das dores". A nossa ideia de redenção consiste ainda no conceito do sofrimento, do sangue, da morte. Durante o ano eclesiástico, esse culto do Jesus sofredor aparece em forma crônica, durante a semana santa assume forma aguda. Procissão pelas ruas enlutadas com o andor do "Senhor Morto", as estações da via-sacra, os cânticos do hinário, as lamentações litúrgicas, e ainda por cima a Virgem dolorosa com sete espadas no coração — tudo isto nos faz crer que o Cristianismo consista essencialmente no culto patético de um homem morto, do Jesus crucificado.

A teologia corrente, quer deste quer daquele setor do Cristianismo, nos faz crer que a nossa salvação depende essencialmente da paixão e morte de Jesus — "sem efusão de sangue não há redenção".

O único ou principal motivo de amor parece ser a lacrimosa comiseração para com os padecimentos do mártir do Gólgota.

Entretanto, o verdadeiro Cristianismo é algo infinitamente mais positivo do que essas teologias negativistas. Não tem base no motivo da pena e compaixão, nem em outro sentimento *negativo e passivo*. O Cristianismo é essencialmente *positivo* e ativo em sua íntima natureza. É um misto de intenso amor e admiração, de irresistível entusiasmo e espírito de aventura realizadora.

Um homem sofredor e derrotado, por mais que apele para minha compaixão, não me inspira aquilo de que mais necessito para minha vida espiritual.

Que é isto, de que eu mais de tudo necessito?

Um senso forte e nítido de indestrutível *firmeza* e *segurança*. A vida espiritual do homem telúrico é uma noite, noite estrelada, é verdade, mas cheia de mistérios e incertezas... As trevas são espessas, e as estrelas são longínquas e altíssimas... E eu tenho de me orientar no meio dessa grande escuridão...

Para muitos, é verdade, a vida espiritual não parece ser uma noite misteriosa. Quando estão em dúvida, vão consultar seu diretor espiritual ou ministro, ou a Bíblia, para saberem qual é o caminho certo a seguir, e esses homens e livros lhes dizem com absoluta precisão qual o caminho que leva a Deus.

Suponhamos que tudo quanto os mentores humanos e papiráceos nos dizem seja exato e verdadeiro — teríamos real certeza, neste caso?

Há uma certeza *objetiva*, lá fora de mim, mas palavras dos outros, não há dúvida — mas que me vale isto se falta a certeza *subjetiva* dentro de mim, certeza que só a experiência pessoal pode outorgar? Enquanto não me vier uma certeza de dentro, nenhuma das palavras, por mais verdadeiras, que ouço de fora me pode dar sólida firmeza e segurança interior. O que eu preciso é de uma última certeza central vinda de dentro de mim mesmo. É necessário que acorde dentro de mim mesmo o meu Cristo interno, o mesmo Cristo que está em Jesus. Se ele acordar dentro de mim, ele é o *meu* Cristo, ainda que seja o Cristo de todos, o Cristo universal.

E eu verei neste Cristo um poder sobre-humanamente grande, alguém que derrota tudo o que sem cessar me derrota.

Que é que me derrota?

Duas coisas, o *pecado* e a *morte*, é que me derrotam. Cada dia sou parcialmente derrotado pelo pecado, e parcialmente derrotado pela morte, porque, dia a dia, se aproxima mais o meu termo final.

Se eu tivesse um mestre e amigo que derrotasse totalmente aquilo que cada dia me derrota parcialmente; e se eu andasse de mãos dadas com esse invencível vencedor do pecado e da morte — seria eu um homem feliz, porque levaria uma vida tranquila, segura e calma.

Pois, é precisamente este o verdadeiro Cristo; alguém que derrotou os dois inimigos essenciais da minha felicidade: o pecado e a morte.

Derrotou o pecado porque é o amor.

Derrotou a morte porque é a vida imortal.

* * *

Tudo quanto costumamos dizer do Jesus doloroso é verdade — mas não é a verdade total, nem mesmo a parte principal da verdade. Tudo isto é incompleto, imperfeito, penúltimo — nada é último, completo, definitivo. Se apenas temos fé no Jesus doloroso, vã é a nossa pregação, vã é a nossa fé, e estamos ainda em nossos pecados, não fomos remidos, porque redenção não pode vir dum homem morto.

Quem apenas crê no Jesus crucificado, no Senhor Morto, não está remido, é um irredento, porque um homem derrotado pela morte não me pode salvar da morte. Só alguém que tivesse derrotado a morte me poderia garantir vida eterna.

Verdade é que Jesus sucumbiu à morte, mas não sucumbiu porque *devesse* sucumbir, mas porque *quis* sucumbir. Quantas vezes se tinha ele subtraído misteriosamente às ciladas de seus inimigos, tornando-se subitamente invisível, ou fazendo-os todos cair de costas por terra! Se sucumbiu à morte, foi unicamente em virtude do seu grande poder. Quem é pouco poderoso deve fugir da morte, quem é muito poderoso pode permitir a morte e a derrota, porque se sabe imortal e inderrotável; as chamadas derrotas não são derrotas reais, senão apenas aparentes, na zona periférica das aparências, mas no centro da sua realidade esse homem continua invulnerável. Para Jesus, essa aparente derrota que ele permitiu espontaneamente foi a maior das vitórias, porque foi por motivo de exuberante poder que permitiu essa aparente fraqueza. Nunca o homem é mais poderoso do que quando aceita ser fraco. Nunca a vida é tão gloriosa como em face da morte pela qual se deixa derrotar voluntariamente. "Não devia então o Cristo sofrer tudo isto, para assim entrar em sua glória?" "Onde está ó morte o teu aguilhão — exclama o apóstolo —, onde está, ó morte, a tua vitória? Foi a morte tragada pela vitória!"

Este é o Cristo real, o rei imortal dos séculos, um Cristo tão exuberantemente vivo que pode morrer sem sofrer prejuízo em sua vida. Pelo contrário, essa própria morte lhe intensificou a vida. "Quando eu for exaltado, atrairei tudo a mim."

É só esse Cristo poderoso que pode encher de entusiasmo realizador os seus discípulos, porque lhes dá firmeza e segurança no meio das incertezas. Sob a sua bandeira até o homem mais fraco é forte.

A redenção, em última análise, se consumou na madrugada da Páscoa, quando o Cristo, depois de passar pelas ignomínias, entrou em sua glória.

Penúltimo é o homem das dores.

Último é o rei imortal dos séculos.

* * *

O nosso Cristianismo oficial de hoje, quase todo ele, está ainda na fase preliminar e infantil, emocionando-se profundamente com os sofrimentos de Jesus, incapaz de se entusiasmar intensamente pelo Cristo triunfante.

A cruz, por enquanto, é o símbolo clássico do sofrimento — mas não é este o sentido verdadeiro e último da cruz. O sentido cósmico da cruz, tão antiga como a própria humanidade, é a vida eterna e universal, simbolizada pelas quatro pontas do emblema dirigidas para os quatro pontos cardeais.

DADOS BIOGRÁFICOS

HUBERTO ROHDEN

Nasceu em São Ludgero, Santa Catarina, Brasil (1893-1981). Fez estudos no Rio Grande do Sul. Formou-se em Ciências, Filosofia e Teologia em Universidades da Europa — Innsbruck (Áustria), Valkenburg (Holanda) e Nápoles (Itália).

De regresso ao Brasil, trabalhou como professor, conferencista e escritor. Publicou mais de 65 obras sobre ciência, filosofia e religião, entre as quais, várias traduzidas em outras línguas, inclusive o Esperanto; algumas existem em braille, para institutos de cegos.

Rohden não está filiado a nenhuma Igreja, seita ou partido político. Fundou e dirigiu o movimento mundial Alvorada, com sede em São Paulo.

De 1945 a 1946, obteve uma bolsa de estudos para pesquisas científicas na Universidade de Princeton, New Jersey (Estados Unidos), onde conviveu com Albert Einstein e lançou os alicerces para o movimento de âmbito mundial da Filosofia Univérsica, tomando por base do pensamento e da vida humana a constituição do próprio Universo, evidenciando a afinidade entre Matemática, Metafísica e Mística.

Em 1946, Huberto Rohden foi convidado pela American University, de Washington, D.C., a reger as cátedras de Filosofia Universal e de Religiões Comparadas, cargo este que exerceu durante cinco anos.

Durante a Segunda Guerra Mundial, foi convidado pelo Bureau of Inter-American Affairs, de Washington, a fazer parte do corpo de tradutores das notícias de guerra, do inglês para o português. Ainda na American University, de Washington, fundou o Brazilian Center, centro cultural brasileiro, com o fim de manter intercâmbio cultural entre o Brasil e os Estados Unidos.

Na capital dos Estados Unidos, Rohden frequentou, durante três anos, o Golden Lotus Temple, onde foi iniciado em Kriya Yoga por Swami Premananda, diretor hindu desse *ashram*.

Ao fim de sua permanência nos Estados Unidos, Huberto Rohden foi convidado a fazer parte do corpo docente da nova International Christian University (ICU) de Metaka, Japão, a fim de reger as cátedras de Filosofia Universal e Religiões Comparadas; mas, em virtude da Guerra na Coreia, a universidade japonesa não foi inaugurada, e Rohden regressou ao Brasil. Em São Paulo foi nomeado professor de Filosofia na Universidade Presbiteriana Mackenzie, cargo do qual não tomou posse.

Em 1952, fundou em São Paulo a Instituição Cultural e Beneficente Alvorada, onde, além da capital paulista, mantinha cursos permanentes, além de na capital paulista, no Rio de Janeiro e em Goiânia, sobre Filosofia Univérsica e Filosofia do Evangelho, e dirigia Casas de Retiro Espiritual (*ashrams*) em diversos estados do Brasil.

Em 1969, Huberto Rohden empreendeu viagens de estudo e experiência espiritual pela Palestina, pelo Egito, pela Índia e pelo Nepal, realizando diversas conferências com grupos de *yoguis* na Índia.

Em 1976, Rohden foi chamado a Portugal para fazer conferências sobre autoconhecimento e autorrealização. Em Lisboa fundou um setor do Centro de Autorrealização Alvorada.

Nos últimos anos, Rohden residia na cidade de São Paulo, onde permanecia alguns dias da semana escrevendo e reescrevendo seus livros, nos textos definitivos. Costumava passar três dias da semana no *ashram*, em contato com a natureza, plantando árvores, flores ou trabalhando no seu apiário modelo.

Quando estava na capital, Rohden frequentava periodicamente a editora responsável pela publicação de seus livros, dando-lhe orientação cultural e inspiração.

Fundamentalmente, toda a obra educacional e filosófica de Rohden divide-se em grandes segmentos: 1) a sede central da Instituição (Centro de Autorrealização), em São Paulo, que tem a finalidade de ministrar cursos e horas de meditação; 2) o *ashram*, situado a 70 quilômetros da capital, onde são oferecidos, periodicamente, os Retiros Espirituais, de três dias completos; 3) a Editora Martin Claret, de São Paulo, que difunde, por meio de livros, a Filosofia Univérsica; 4) um grupo de dedicados e fiéis amigos, alunos e discípulos, que trabalham na consolidação e na continuação da sua obra educacional.

À zero hora do dia 7 de outubro de 1981, após longa internação em uma clínica naturista de São Paulo, aos 87 anos, o professor Huberto Rohden partiu deste mundo e do convívio de seus amigos e discípulos. Suas últimas palavras em estado consciente foram: "Eu vim para servir a Humanidade".

Rohden deixa, para as gerações futuras, um legado cultural e um exemplo de fé e trabalho somente comparados aos dos grandes homens do nosso século.

Huberto Rohden é o principal editando da Editora Martin Claret.

RELAÇÃO DE OBRAS DE HUBERTO ROHDEN

COLEÇÃO FILOSOFIA UNIVERSAL:

O pensamento filosófico da Antiguidade
A filosofia contemporânea
O espírito da filosofia oriental

COLEÇÃO FILOSOFIA DO EVANGELHO:

O Sermão da Montanha
Filosofia cósmica do Evangelho
Assim dizia o Mestre
O triunfo da vida sobre a morte

COLEÇÃO FILOSOFIA DA VIDA:

De alma para alma
Ídolos ou ideal
O caminho da felicidade
Deus

Em comunhão com Deus
Por que sofremos
Bhagavad Gita (tradução)
Setas para o infinito
Cosmorama
Filosofia da arte
Orientando para a autorrealização
Educação do Homem integral
Roteiro cósmico
A metafísica do Cristianismo
Tao Te Ching de Lao-Tsé (tradução) — Ilustrado
Sabedoria das parábolas
O 5º Evangelho segundo Tomé (tradução)
A mensagem viva do Cristo (Os quatro Evangelhos — tradução)
Rumo à consciência cósmica
Novo Testamento
O Cristo cósmico e os essênios
Novos rumos para a educação
Lúcifer e Lógos
A grande libertação
Entre dois mundos
Minhas vivências na Palestina, Egito e Índia
"Que vos parece do Cristo?"
O drama milenar do Cristo e do Anticristo
Luzes e sombras da Alvorada
A voz do silêncio
A nova humanidade
O homem
Estratégias de Lúcifer
O Homem e o Universo
Imperativos da vida

Profanos e iniciados
Lampejos evangélicos

COLEÇÃO MISTÉRIOS DA NATUREZA:

Maravilhas do Universo
Alegorias
Ísis
Por mundos ignotos

COLEÇÃO BIOGRAFIAS:

Paulo de Tarso
Agostinho
Mahatma Gandhi — Ilustrado
Jesus Nazareno — 2 vols.
Einstein — O Enigma da Matemática — Ilustrado
Por um ideal — 2 vols. (Autobiografia)
Pascal
Myriam

COLEÇÃO OPÚSCULOS:

Catecismo da Filosofia
Saúde e felicidade pela cosmo-meditação
Aconteceu entre 2000 e 3000
Ciência, milagre e oração são compatíveis?
Cem pensamentos de Mahatma Gandhi (Tradução)

Este livro teve a primeira impressão na
primeira quinzena do mês de janeiro de 2018:
ano 124 do nascimento de Huberto Rohden;
ano 118 da primeira edição da obra *Dom Casmurro*;
ano 120 da fundação da Academia Brasileira de Letras — ABL;
ano 158 da primeira edição da obra *A origem das espécies*;
ano 2001 da primeira edição da Bíblia;
ano 74 da primeira edição da obra *O Pequeno Príncipe*;
ano 37 da fundação da Editora Martin Claret Ltda.

São Paulo — Brasil